冬皇繁华三折戏

Meng Xiaolong

臧宪柱◎著

一折京剧情，
一折梅兰芳，
一折杜月笙，
缱绻梦间戏未醒。

U0694865

时代出版传媒股份有限公司
北京时代华文书局

图书在版编目（CIP）数据

孟小冬：繁华锦瑟三折戏／臧宪柱著. —北京：北京时代华文书局，2015.4
ISBN 978-7-5699-0072-9

Ⅰ.①孟… Ⅱ.①臧… Ⅲ.①孟小冬（1907~1977）-传记 Ⅳ.①K825.78

中国版本图书馆 CIP 数据核字（2015）第 078712 号

丑牛系列之民国的婉约

孟小冬：繁华锦瑟三折戏

著　者｜臧宪柱

出 版 人｜田海明　朱智润
选题策划｜黎　雨
责任编辑｜胡俊生　樊艳清
文字编辑｜古　杨
装帧设计｜张子墨
责任印制｜刘　银
营销推广｜张晓兵

出版发行｜时代出版传媒股份有限公司 http：//www.press-mart.com
　　　　　北京时代华文书局 http：//www.bjsdsj.com.cn
　　　　　北京市东城区安定门外大街 136 号皇城国际大厦 A 座 8 楼
　　　　　邮　编：100011　电话：010-64267955　64267677
印　　刷｜河北信德印刷有限公司
　　　　　（如发现印装质量问题，请与印刷厂联系调换）
开　　本｜880×1230mm　1/32
印　　张｜7.5
字　　数｜180 千字
版　　次｜2020 年 1 月第 2 版　2022 年 8 月第 2 次印刷
书　　号｜ISBN 978-7-5699-0072-9

定　　价｜46.00 元

序

唱念做打间演绎名伶的传奇悲歌

孟小冬，我国著名京剧表演艺术家，京剧有史以来女须生第一人，被戏迷们称为京剧"冬皇"。她生于京剧世家，7 岁拜师学艺，11 岁于无锡正式进行营业性演出，并在当地一炮走红。十几岁北上深造，红遍京津，成了当年炙手可热的名角。后因结婚息演，婚姻失败后复出，名声更胜。而立之年，拜著名京剧表演艺术家余叔岩为师，继续深造。得大成之后，首次复出便随即隐退。

对于戏迷们来说，孟小冬是有些神秘的。她少年成名，红遍大江南北，但随着艺术水准的提高，她却与舞台渐行渐远。甚至有戏迷因为这个对她提出非议，觉得她太过保守，将满身才华束在家里而不拿出来献给观众。其实，她有苦衷。

对于今天的人们来说，孟小冬更是神秘的。这个在中国京剧史上极为重要的人物，曾一度在人们的视线中消失了。直到电影《梅兰芳》上映的时候，很多人才知道，原来我们还有一个著名的京剧"冬皇"。

　　之所以如此神秘，从某种意义上讲，并非孟小冬自愿的。她不登台，一是因为身体，二是因为情感。

　　孟小冬结过两次婚，一次是跟梅兰芳，一次是跟杜月笙。这是两个具有传奇色彩的男人，孟小冬因为京剧跟他们相遇，并"种下"一生的纠葛。其间，有温馨、有甜蜜，也有刻骨铭心的痛。可以说，这两个男人给了孟小冬极大的不确定性，让她体验到了人世间最为珍贵的美好，也让她尝到了人世间最为难捱的疼痛。面对感情的飘忽不定，她会伤心也会流泪，甚至难以自拔。

　　孟小冬的人生是悲剧式的，这种悲剧，来自于时代对女性的禁锢和压迫。不过，孟小冬却凭借着自己的顽强和努力，让这悲剧的色彩变淡了些。年少时，她便付出了比别人多出好几倍的努力，却从未言苦；成名后依然勤学苦练，却从不言累；年老后受疾病折磨，却从不言痛。

　　从某种意义上说，孟小冬的人生，就代表了那个年代京剧女演员的奋斗史。从开始的不允许登台，到后来在京剧界变得举足轻重，整个发展过程，孟小冬都参与其中，也起到了很大的作用。

　　解读孟小冬的一生，也可以让我们一窥那个年代的真实面貌。由于身份原因，她接触的都是当时处在风口浪尖的风云人物。这些人的命运，就是那个时代的命运。

　　以上，便是孟小冬的意义，更是研究孟小冬的意义，同时也是本书的价值所在。当人们真正走近孟小冬之后，便会发现，她的一生不仅跟京剧的演变和发展息息相关，更折射出了那个时代的诸多特点。这些都是同时代的其他人所不具备的。

　　一个生命中烙上了时代印记的人物，是永远都不过时的，也是需要人们时刻铭记的。

目 录

第一卷
天赋秉异初现锋芒

第一章 生于乱世一鸣惊人

20 世纪初期，正是京剧盛行的时候，当时京剧刚刚成型不久，属有生命力的新剧种，它兼容并包，吸百家之长，招揽了一大批观众，也产生了一大批京剧名家。在那个时代，京剧演员们通常都是四处流动演出的，俗称"跑码头"，即哪里有需要就去哪里演。在众多京剧码头中，天津是公认的最难演的码头。因为这里的观众鉴赏水平高，如果演不好，是要吃瘪的。当然，如果得到天津观众的认可，那么这个演员也就出名了。所以不管是刚出道的后生，还是唱戏多年的老戏骨，到了天津，都是非常认真的，生怕砸了招牌。

1918 年的时候，一位叫孟鸿群的京剧演员，跟着戏班来到了天津唱戏。他出生于京剧世家，父亲跟几位兄弟都是京剧演员，且都有些名气，他本人也算是一个小角儿。他知道天津这个地方不好演，自然也格外认真。

这天，又到了他演出的时间了，将要上演的是京剧传统剧目《八蜡庙》。孟鸿群出演"褚彪"一角。开场一切都很顺利，演员发挥正常，观众也都很捧场，不断有叫好声。

然而，演到褚彪与费德恭的打戏的时候，出了问题。这出戏孟鸿群已经记不清演了多少遍了，早已经烂熟于胸，可是就在演到一半的时候，孟鸿群突然感觉一阵眩晕，身子无法动弹。接着，便倒在了台上。

顿时，整个剧场炸锅了。后台的演员们见状，赶紧上前扶起孟鸿群，将他搀到了台下。台下的观众议论纷纷。不过，天津到底是著名的京剧码头，观众们懂戏，所以也明白现场的突发状况并不是演员不好好演，不尊重自己，多半是身体出了状况。所以尽管大家不知道具体原因，但也没有人捣乱。

孟鸿群是一个极为刚强的人，也是一个职业道德感极强的人。在后台，由人喂了几口水之后，他已经清醒了，缓了缓，便要求重新上台。他说自己没事，不能总这么晾着观众。

众人自然是一阵劝阻，对他说，戏可以以后重演，观众若有不满，大不了给他们道个歉，累坏了身子，可就什么都没有了。不过，这孟鸿群很倔强，一定要重新上台。这时候，旁边走过来一个小姑娘，就是孟鸿群的女儿孟小冬。孟小冬从小待在戏班中，跟父亲走南闯北，她虽然没有正式拜师学过戏，不过由于父亲每次练嗓的时候都带着她，也常常指点她，所以对京剧，她是不陌生的。

孟小冬来到孟鸿群跟前，像个小大人似的说道："爹爹，您身体不好，就先歇一会儿吧！歇好了再上台，我先去给观众们唱一段，免得大家等得着急。"说完，扔下一群愣愣的人们，走上台去了。

观众们依然在议论，猜测那个演员到底出了什么问题，同时，有些观众已开始焦躁了，质问演员什么时候能重新上台。就在这时，他们看到了走上舞台的孟小冬，所有人都渐渐安静下来，人们好奇，这个小孩子看起来也就七八岁，这时候她登上台来做什么。

就在人们狐疑不定的时候，孟小冬已经开口了，她先朝台下鞠了一躬，之后说：

"我父亲突然身体不适，暂时不能马上登台，下面就由我给大家清唱一段《捉放曹》吧，算是给大家赔个礼。"

说完，她又朝观众深鞠一躬，之后转身向琴师鞠了一躬，说道："听他言，正宫调。"

"听他言，吓得我心惊胆战……"这一声刚落，顿时台下掌声如雷，纵使是天津的观众，也开始钦佩起这个小孩子了，整个一段下来，观众席中叫好声不断，气氛甚至比之前专业演员表演时更加热烈。观众们如此热烈，倒并不是因为孟小冬唱得比那些成年演员好，而是她表现出了高于年龄的天赋，更为重要的是，在这个节骨眼儿上登台解决问题的并不是戏班主，而是一个七八

中国第一坤生，孟小冬

岁的小孩子。单凭这份魄力就值得观众鼓掌，何况这个小女孩唱得还很不错。不过，台下的观众们想不到的是，十年后这个小女孩会重返天津，并一举成名，成为女须生之皇。

这孟小冬，便是本书的主角了。她绝对称得上是一个奇人。她以女子之身，在台上演绎了无数男性角色，且演得极为成功，成了她所在行当的"皇帝"。她一生努力，中年时终得艺成，但大成之后只演了一次便主动息演。她的生平经历很复杂，那个

时代最为特殊的两个男人——梅兰芳、杜月笙都跟她有过婚姻，但最终一个与她分道扬镳，一个早早离她而去。孟小冬的人生，是辉煌的，也是悲哀的。读懂了她的人生，就读懂了京剧的发展，也就懂得了那个时代人们的生活。

而想要知道这些，自然要从孟小冬出生开始谈起。

那是一个动荡的时代，也是一个人才辈出的时代。

公元 1840 年，鸦片战争爆发，两年后，清政府战败，被迫与英国签下了《南京条约》，条约中规定，上海为五个开放的通商口岸之一。《南京条约》是清政府的耻辱，是我们遭受一系列不平等待遇的开始。从那以后，清政府统治下的中华大地便没有安宁过，百姓们的生活也从此急转直下，身处水深火热之中。不过，从另一方面来看，《南京条约》中，将上海定为通商口岸之一，也在一定程度上导致上海变革。或许这也算是痛苦中涌现的一点点安慰吧。

开放后的上海，由一个曾经的小渔港，慢慢进化成了一个大都市。这里的人们的生活更加便利了，不过却未必更加开心。因为西方列强还一直骑在当地人的头上。

鸦片战争之后，帝国主义列强们得寸进尺，进一步蚕食和侵略中国，上海自然不能例外，而且，不仅没有例外，反而成了重灾区。英、法、美等国先后威逼清政府，将大片上海城区的土地划到他们的名下，成立了各自的"租界"。在我们的国土上，他们却享有着特权。

当时，靠近法租界的民国路同庆街观盛里的一条弄堂中，住着一户普通人家。在 1908 年的 12 月 9 日，这家人迎来一件喜事，他们家添丁了。添的是一个女娃娃，她不是别人，便是后来被誉为京剧"冬皇"的一代名伶孟小冬。

　　孟小冬乳名若兰，本名令辉，从艺后，取艺名筱冬，后来改为小冬，取这个艺名，就是因为她生在冬天。

　　孟小冬出生的那年，是清光绪三十四年，正值乱世。那时，大清德宗皇帝已经寿终正寝了，无法再理会皇家的这个烂摊子了。然而，变动还不止这一件，那位垂帘听政的老太后慈禧，颁布懿旨，授醇亲王载沣为摄政王，并将载沣3岁的儿子溥仪册立为皇帝，之后不久，慈禧也离开了人世。

　　在中国历史上，慈禧是一个颇具争议的人物，有无数人认为，是她让原本就有些摇摇欲坠的大清皇朝，快速走向了没落。在有这样想法的人看来，慈禧的离去无疑是清朝发展的契机。可是，事实却并非如此。此时的大清王朝，早已经成了一个迟暮的老人，它面对的，不仅是亿万挣扎在贫困线上的普通百姓，还有虎视眈眈的外国列强。

　　然而，中华民族向来不缺乏勇猛的爱国志士。一批批仁人志士看到国家的衰亡，相继揭竿而起，拼尽全力以求力挽狂澜，让这个庞大的帝国重新焕发生机。

　　在这些人的努力下，革命到来了。

　　1911年10月10日，武昌起义爆发，拉开了新时代的序幕。1912年的元旦，孙中山先生在南京就任中华民国临时大总统，正式宣告中华民国成立。后来，袁世凯对总统职位的觊觎及窃取使原本已是满目疮痍的中华大地更加动荡不安。

　　这就是孟小冬生存的时代。同时，一大批有理想、有热血的中国人在为国家、民族的前途和未来而奋斗着。可以说，那是一个值得尊重的时代，如果没有无数甘愿牺牲的先辈们，也不会有我们的今天。

　　在今天看来，那个时代充满了激情、热血和机会。彼时的人们都在为自己的理想、民族的命运而奋斗。他们不仅是自己，更是民族的希望和国家的未来。在他们身上，我们不仅能够看到个体对命运的追求，更能看到挽救民族危亡的重担。

然而，这个视角注定是历史式的，我们的关注点是那些为梦想而奋斗的个人，我们关注他们所取得的成就和功绩，更关注他们得到这些的过程以及他们的人生轨迹。

是的，那是一个战乱的时代，是一个让普通百姓苦不堪言的时代，而它也是一个造就英雄的时代，是有梦的人可以恣意挥洒人生的时代。

孟小冬就身处这样一个时代。她的父亲叫孟鸿群，是一名京剧演员。在孟小冬出生之前，孟鸿群自然是满怀期待的，不过他期待的是妻子能够给他生一个胖儿子，日后好继承自己的衣钵，做一个优秀的文武老生。可老天偏偏不遂他的愿，赐给了他一个女儿。

人往往都是这样，对未来怀有无限的遐思，总是将事情往最好的方向想。这时候，如果有人告诉他，最终的结果并不如他想象得那般完美，他一定会失望。可是，当事情真的发生后，即使并没有如他所愿的那般完美，他也不会那般在意了。

孟鸿群就是如此，他期盼的一直是一个儿子，如果在妻子临盆之前，告诉他他将得到一个女儿的话，相信他会有些许失望的。可是，当新生命真正降临的那一刻，拥有后代的喜悦早已经战胜了对性别的在乎。看到刚出生的女儿，孟鸿群依然是极度欣喜的，似乎早已经忘记了自己想要一个儿子的心愿。

事实也确实如此，当时的孟鸿群已过了而立之年。在今天，这个年纪的人也许还有未婚的，可是在当时，却该是膝下儿女环绕的年纪了。可是孟鸿群却只有孟小冬这一个女儿。

孟鸿群的第一房夫人是王氏，结婚几年后不幸因病过世，并没有留下子嗣。后来孟鸿群娶了孟小冬的母亲也就是张氏，一年后便有了孟小冬。

在孟鸿群的心中，这个迟来的孩子自然是自己的心头肉，从心底里希望她能够平安、幸福。然而，跟大多数父母一样，光有希望是没用的，还要能够给孩子提供很好的生活条件才可以。

孟鸿群是一个京剧演员，那时候对他们的称呼是伶人。这是一群可怜人，他们是专门为别人提供快乐、感动和享受的，可是他们自己却很少能够获得这些。在那个年代，能够给别人提供快乐和感动的人，是不受人们尊重的。伶人们为了生存，必须要四处奔波，他们每到一个地方，都要跟当地的权贵搭上关系，因为只有拥有这些人的保护和捧场，伶人们才能够成功搭台唱戏，如果得不到他们的允许，是没有演出机会的。即使自己搭了戏台，一样会有人来拆台。

然而，真正给伶人家庭带来不便的，还不是需要倚仗当地权贵，而是不断地迁徙。孟鸿群走南闯北，哪里有需要就去哪里唱戏。虽然辛苦些，但并无生存之忧，一家人的生活还算滋润，虽说谈不上富裕，但也要好过普通人家了。

就在孟鸿群以为，自己的一生将这么平静地过完时，却出了意外，即本篇开头的场景。他的身体不行了，不过，让他稍感安慰的是，女儿逐渐长大了，更为重要的是，她继承了自己家族中的艺术基因，在京剧方面已经展现出了过人的天赋。

其实，他早就知道女儿是能够唱京剧的，也想让女儿唱京剧。只不过，他没想到女儿竟然可以唱得这么好。于是，他开始为女儿规划人生了。

第二章　梨园世家缘定氍毹

　　京剧如今已成为我们的国粹，不过它的出现并不算很早，至少跟我们五千年的文化传承比起来，要晚上太多。京剧大概于清光绪年间形成于北京，它的前身为徽调，通称皮簧戏，这种戏种在清同治、光绪两朝，最为盛行。

　　道光年间，汉调进京，被二簧调所吸收，于是形成徽汉二腔合流。在当时，被人们统称为皮簧戏。光绪、宣统年间，上海早已崛起，成为经济繁盛之所，因此北京很多皮簧班接踵去上海演出，虽然北京众多皮簧班源于安徽，但唱腔等跟安徽皮簧班有很大不同，上海观众遂称京皮簧为"京调"，以示二者的区别。

　　因为京班们起源较晚，还属于新生事物，因此善于博采百家之长，创新与包容性都很强，颇受当时人们的喜爱，于是在众多戏班中逐渐脱颖而出。到了民国以后，上海梨园界差不多全部为京班所掌握，于是人们正式称京皮簧为"京戏"。这便是京剧最初的名字，这种剧种源于北京，但名字却是起于上海的。因为民国时期，有一段时间北京曾改名为北平，因此当时人们也有称京剧为平剧。新中国成立后，北平又改为北京，平剧又复称京剧。

在京剧的发展史上功劳最大的，当属程长庚、张二奎和余三胜等几位了。他们在皮簧戏流传以及慢慢演化成京剧等过程中，起到了极为重要的作用。

之后，便是几位大师的弟子们了。尤其要说一下的是程长庚先生的徒弟——谭鑫培。

谭鑫培艺名小叫天，堪称京剧的集大成者，他师从程长庚，又兼百家之长，并积极创新，后来发展出了谭派，是京剧自始以来传人最多、流传最广、影响最大的老生流派。

谭鑫培的徒弟余叔岩，在老师的基础上精益求精，又创立了余派，当时有一种说法叫做"无声不学谭，无派不学余。"可见这对师徒影响之大。本书的主人公，后来

程长庚先生的徒弟谭鑫培

被称为"冬皇"的孟小冬，便是余派的正宗传人，也可以说是得余派精髓的唯一传人。当然这是后话。

与谭鑫培同时的，还有一位著名的京剧艺人，名叫孟七，他是孟鸿群的父亲，孟小冬的爷爷。孟七是老徽班出身，主攻乱弹与昆曲，唱武生兼武净。为了谋生，孟七一直在长江下游一代游荡，专跑码头。

1860 年，太平军的陈玉成攻占了江浙的大部分地区，渐渐形成势力。战乱年代，伶人们的生活自然是凄苦的。他们要东

奔西跑，因此也更容易碰到歹人，战乱导致民不聊生，看戏的人也就更少了。因此，伶人一般都惧怕战争，因为战争会带给他们更多的不稳定。而孟七为了过上安定的生活，便投奔了陈玉成，在陈玉成帐下的同春班里当了教师。

四年后，太平军战败，孟七带领自己的五个儿子离开江浙，去了上海，在上海天仙茶园里演出，且颇为成功。据说，在当时，天仙茶园的孟家与丹桂茶园的夏家，堪称上海两大梨园世家。

孟七的长子叫孟鸿芳，他从小就跟随父亲学艺，练就了过硬的基本功。孟鸿芳尤其爱好读书，还喜欢钻研各种剧种里的武打动作，在丹桂园茶园里，孟鸿芳是大武行头。早年的时候，武行头都是凭借口头说戏，没有固定的套路，一个师父一个讲法。孟鸿芳出现后，对之做了改变，从他开始，武行头说戏的时候也有了提纲。这样，这一行当更加规整了，也从此迅速走向成熟。孟鸿芳不仅努力，天赋也好，他生就一副好嗓子，不管唱什么都很动听。又由于他喜欢读书，爱钻研，所以会的剧目很多。不过，他本人却偏爱唱小丑，最终也由演武生转为演丑角。

孟七的二儿子叫孟鸿寿。他有个绰号，叫做"第一怪"。在当时的梨园，还有两怪，一个是著名的须生双阔亭，他双目失明，但一样能够上台演戏，而且举手投足颇为标准，舞台走位也是丝毫不差。另一个是王益芳，天生哑巴，专攻武戏，开打时，翻转腾挪，勇猛异常，而且动作潇洒，非常漂亮。他们三人并称"梨园三怪"，他们身体都有些残疾，而这不仅没有影响他们从事京剧事业，还让他们都成为了各自领域中的佼佼者。孟鸿寿有些跛脚，他很小的时候，有一次高烧，多天不退，到处寻医问药都没能医治。就在家人想要放弃的时候，遇到了一位老中医，后经那老中医的调理，孟鸿寿的高烧总算退了。不过命虽保住了，却留下了后遗症，两条腿软如棉花，已经成了一个彻底的跛脚人。

因为跛脚，孟鸿寿无法登台，孟七则想了个办法，不教他唱戏，只教他场面。结果孟鸿寿学有所成，不管是武场的打鼓，还是文场的京胡、梆胡等，他都极为擅长。而且，他还懂得很多梆子戏，当时甚至有一些上海的科班都找他当教师。

可是，孟鸿寿却并不满足于此，也许是出于对京剧的热爱，也许是想要跟命运抗争。民国初年的时候，孟鸿寿竟然不顾自己行动不便，毅然登台饰演跛脚的小丑，并获得了空前的成功。

孟七的三儿子叫孟鸿荣。孟鸿荣虽然也是自小就跟父亲学戏，不过跟两个哥哥不同，他不是由孟七全职教授，而是有自己的师父，即王庆云。孟鸿寿跟王庆云学的是武旦，后来去了小金台的科班坐科。小金台教学质量很好，当时天仙茶园的老艺人，如孟七、任七、陈桂寿等著名演员都被聘为小金台的兼职教师，在空闲的时候去教授学生。在坐科期间，孟鸿寿主要跟父亲孟七学武净，同时还跟自己的大哥，也就是孟鸿芳学习老生。

在孟七的几个儿子中，虽然孟鸿荣曾经在外拜师学艺，却是最得孟七真传的一个人，也是最能继承孟七衣钵的。出科后，他改名叫"小孟七"，在各路茶园演出。孟鸿荣不仅在上海演，也常去外地。苏州、杭州等地的剧场，常会聘请他去演戏。而且，每到一地，孟鸿荣都极受欢迎，可以说他是走到哪里都能吃得开的"角儿"。

1902年的时候，孟鸿荣曾经去杭州演出，在演《铁莲花》

时，跟他合作的娃娃生就是刚刚以"七龄童"为艺名登台不久的周信芳。小周信芳在戏中做滑雪动作的时候，竟然加了一个"吊毛"的身段，让孟鸿荣很是惊讶，他觉得这个孩子会演戏。后来，周信芳成名之后，在上海新新舞台做主演，他常常会找孟鸿荣合作。二人早已经成了要好的朋友，而且在艺术上相互欣赏。孟鸿荣觉得周信芳会演戏，很佩服他。而周信芳也很欣赏孟鸿荣的演戏方式，尤其是对孟鸿荣的红生戏，更是赞赏有加。

此外孟鸿荣的老生戏，也有一定的水准，像《乌龙院》《徐策跑城》等，都是他的拿手剧目，既叫好又叫座。而且，他不仅演戏好，还能编剧，且有不少佳作传世，像比较有名的《鹿台恨》等，都是出自孟鸿荣之手。

"麒麟童"周信芳

在整个孟氏家族中，孟鸿荣红得最早，名气也最大。李浮生是当时的老戏迷，也是著名的剧评家，他曾评价孟鸿荣说："小孟七（孟鸿荣）乃属实至名归，他的盛名早于麒麟童（周信芳），如若他能多活几年，那么坐南方文武老生第一把交椅的，很可能是小孟七，而非麒麟童了。"由这一段评价，可见孟鸿荣的艺术造诣以及在观众当中的威望和号召力。

孟七的第五子便是孟鸿群了，就是孟小冬的父亲。孟鸿群秉承父业，攻武净兼文武老生，在艺术方面，得到了孟七的真传。尤其是《铁笼山》《艳阳楼》等剧目，演起来颇具其父孟七之风。

1912年左右，孟鸿群长期驻扎上海，与麒麟童周信芳合作。在《花蝴蝶》《要离断臂》等剧目中担任重要角色。最让孟鸿群骄傲的是，他曾为"伶界大王"谭鑫培配戏。那是1912年底的事情，那时候谭鑫培早已名贯梨园，全国上下已经"无腔不学谭"了。此时的谭鑫培也已经到了晚年，年近古稀的他受邀第五次到上海演出，场所是新新舞台。

谭鑫培演出的剧目是全本的《连营寨》，在去之前，他指名要孟鸿群为他配赵云一角。原来，许多年前，谭老先生在北京就跟孟七合作过，并结为至交，对于孟氏父子的戏路以及戏曲造诣了然于胸，亦是非常欣赏。这次到上海来，自然要找老朋友之后为自己配戏。当时，孟鸿群三十五六岁，正是英气勃发、身强体壮的时候。又受邀于这样一位受人尊重的老艺术家，自然兢兢业业，不敢有丝毫怠慢。而戏出来之后，也确实没有让众人失望，孟鸿群演活了赵云，不仅得到了观众的首肯，更是受到谭老的称赞。

孟七最小的儿子叫孟鸿茂，是孟七续弦所生之子，与鸿寿、鸿群等为同父异母的兄弟。孟鸿茂也是小金台的科班出身，攻铜锤，倒嗓之后，跟随大哥二哥学习文丑。他曾经和白牡丹（荀慧生）合演《小放牛》，与前四大须生之一的高庆奎同演《戏迷传》等。

孟鸿茂钻针老唱片

孟鸿茂在南方名气很大，尤其是他演的《丑表功》《拾黄金》等，更是无人不晓。孟鸿茂嗓音清亮，字正腔圆，比他那名为"天下第一怪"的二哥更为叫座。

孟小冬正是生于这样一个父祖叔伯都是名角的梨园世家。在这样的环境中长大，自然受到熏陶，日后从事京剧行当也就不意外了。

事实也确实如此，孟小冬从小就跟在父亲身边，5 岁的时候，每天天一亮父亲就会叫孟小冬起床，跟随自己去上海老城乡的古城墙上练功。那时候，父亲教孟小冬的主要是老生唱段。6 岁的时候，孟小冬就跟随父亲一起跑码头了，她自然是没有演出机会的，不过每天都在接触演出，而孟鸿群在闲暇无事的时候，也会教给她很多东西。

一个人的成才，不仅得益于良师的教导，更在于自己有学习的欲望和天赋。孟小冬就是有欲望和天赋的，她天资聪颖，容貌秀丽，而且颇具男孩气质。孟小冬很喜欢京剧，那是一种发自内心的爱，所以虽然小小年纪就开始勤学苦练，她却并不觉得枯燥和劳累。

正是由于这份天分和努力，孟小冬越发沉迷于京剧之中。也正是因为从小的耳濡目染和不断的学习，才让孟小冬在 7 岁的时候站出来帮父亲处理突发状况。

话说，那天孟小冬的登台，不仅稳定了观众的情绪，为观众带来了一段精彩的唱腔，也为孟鸿群赢得了休息的时间。孟小冬唱完下台后，孟鸿群接着登台，演完了早已准备好的剧目。

当孟鸿群强撑着完成了整场演出，下台卸妆时，孟小冬看到父亲早已经大汗淋漓了。他的衬衣都已经完全湿透，脸色也很难看，呈紫红色。孟小冬以为父亲是过于劳累了。她不知道，父亲是硬撑着，用生命在恪守着一个艺人的职业道德。第二天，孟鸿群中风发作，因为抢救及时，并无大碍，自此他的身体状况大不如从前了。这一次大病导致孟鸿群无法再唱自己拿手的武戏了。原本的红角，如今却只能在戏班里做一个打杂，给人说说戏，偶尔跑跑龙套，演一些无足轻重的角色等。

工作的减少，伴随的一定是收入的降低。尽管家里也有些积蓄，可这点积蓄的作用主要在于应急，在没有了主要收入进账的情况下，仅靠积蓄维持不了多久的生活。

而这时，作为长女的孟小冬，肩上的担子自然重了起来。父亲的变故，让她提前走进了梨园行当。她接起了家族的衣钵，正式入门学戏了。

第三章　拜师学艺苦练身段

　　孟鸿群决定，让孟小冬投在她的姨夫，也就是孙派老生仇月祥门下，学习孙派老生。

　　孟小冬嗓音清亮，且不带一点雌音，是个天生唱老生的料子，加上又是亲戚，仇月祥非常乐意地收了这个徒弟。不过，虽然是亲戚，仇月祥依然是照班授徒，孟鸿群与之签下了八年的卖身契约。

　　临行前，孟鸿群抚摸着女儿的头顶，深情而又略带苦涩地说："孩子，要记住，想要让人瞧得起，想成人，将来想有出头之日，就得学好本事，就要当角儿。"年幼的孟小冬并不能完全理解父亲这句话的含义，不过她能够听出这句话里不仅有鼓励还有期盼。孟小冬用力地点点头，表示不会让父亲失望。从那以后，在孟小冬的心里，种下了一颗种子：要唱戏，更要唱好戏，做就做谭老板那样的角儿。

　　从此，孟小冬正式开始了自己的学戏生涯。对于唱戏她是不陌生的，并且也有一些功底。不过，那之前的训练，都是略带玩票性质的，虽然也会很苦，但并不难捱。这次不一样，正式拜师了，自然要动真格的了。等待孟小冬的不仅有成角儿后的辉煌，还有成角儿路上的各种艰辛。

提到跟师父学戏，这中间还有一个小插曲。

那还是拜师前的事情，那时候孟小冬才刚刚6岁。因为从小跟父亲练习身段，此时的她已经有了一定的基本功了。再加上天天听父亲吊嗓，竟然也喜欢上了老生唱腔，自学了一些唱段。

孟鸿群外出演出的时候，总会带上孟小冬，有合适的角色，偶尔还会让她串上一次，以培养她的兴趣。当时，孟小冬客串的角色，基本都是娃娃生。

有一次，孟鸿群一行人去南京跑码头，一次到一个厅长家里唱堂会。那厅长是个戏迷，甚至可以说是个戏痴，他极爱听戏，也极喜欢唱戏的人。在他的家中，像厨师、车夫、奴仆这种下人，也是必须要会唱上两句的，如果一句都不会唱，那么就要掌握几门乐器，可以给人伴奏。若这两样都不懂，则不会雇佣。

见到孟鸿群的班子后，那厅长对孟小冬产生了兴趣，他很少见到这么小的孩子整天跟随戏班的，而且孟小冬浓眉大眼本就招人喜爱。于是，那厅长就问孟鸿群：

"这孩子几岁了？懂戏吗？"

孟鸿群听问，赶紧答道："回厅座，此子6岁了，刚刚学了一两段。"

厅长一听这么小的年纪竟然也会唱戏，不禁来了兴趣，说道："不错！来，我来操琴，让她唱一段听听。"

说完，转身问孟小冬："小姑娘，你会唱什么？"

孟小冬毫无惧色，大方地回答："《斩黄袍》。"

厅长问过琴师应该用什么调后，便开始掌琴了。可是孟小冬刚开嗓唱了一个字马上就停了下来，跟厅长说，调门太低了。厅长调高了调门，结果孟小冬依然嫌低。这一下，不仅厅长，连旁边的老琴师都惊呆了，心想这么小的一个孩子竟然调门如此之高，实在罕见。厅长又调高了调琴，继续拉起来。

"孤王酒醉……"孟小冬刚开嗓就听"啪"的一声，原来由于调太高，厅长手里的琴弦断了。

厅长看着手里的断琴，颇感惊奇，对着孟小冬竖起大拇指，不住赞叹："好嗓子！好嗓子！将来定有前途！"

接着，厅长又说道："小姑娘，我要收你做我的徒弟，教给你谭氏唱腔，给你开蒙……"

孟鸿群常年跑码头，是吃开口饭的，靠的就是和气生财，自然是每一个主顾都不敢得罪的。更何况，眼前的这位还是大军阀手下的人，自然更不敢惹。于是顺着厅长的话说："好，太好了！"接着，就让孟小冬给厅长鞠躬行礼，拜为老师。

那一次，孟鸿群在南京搭班唱戏，一共停留了将近两个月。在这个两个月间，孟小冬竟然真的三天两头去厅长家里，跟着厅长学戏。那厅长从头到尾，将谭鑫培的《卖马》整整地教给了孟小冬。每次她学完离开时，厅长都会赏给她两块大洋。结果两个月下来，孟小冬得到的钱财，竟然和她父亲所得的包银所差无几。

不过，这些包银也差不多是孟小冬南京一行所得的所有了。那厅长虽然爱唱戏，但功力实在是有限，身边的人说他唱得好，不过是因为怕他，不敢得罪他罢了。孟小冬拜他为师，说到底也不过是逢场作戏。

那厅长虽然手段不行，却也应该算是孟小冬正式磕过头的第一位师父，算得上是孟小冬拜师学艺中的一个玩笑或小插曲。

后来，孟小冬跟自己的姨夫仇月祥学戏了，这次可不是戏耍了。

仇月祥是北京人，自小学戏，科班出身，早年拜京剧"新三杰"之一的孙菊仙为老师，跟孙菊仙学习孙氏自创的"孙派"老生唱法，出师后，仇月祥又自学了些其他门派的唱腔，因此对于谭派、刘派等老生，他也有一定的研究。

仇月祥是孟小冬的师父，也是她的姨夫，属于近亲，自然不会像其他师父教徒弟那般，稍有不如意便非打即骂。因此，相比其他从小学戏的人来说，孟小冬算是幸运的，不会面临体罚。然而，虽然没有重罚，但要求是不能松懈的。仇月祥是一位优秀的京剧演员，同时也是一位非常严厉的老师，在教孟小冬学戏上，他从来没有降低过自己的标准。所以，孟小冬的学戏生涯，也并不轻松。

仇月祥虽然年纪不老，但教戏的经验相当丰富，更难能可贵的是，他还有一套独特的教戏方法。

孟小冬学戏的时候，每天清早师父都会叫她起来，然后带着她去遛弯儿、喊嗓。这些都是仇月祥儿时坐科所经历过的，也是梨园界通用的教学方式，经过多年的检验，早已经被证明是行之有效的了。仇月祥真正的过人之处在于懂得因材施教。在跟孟小冬接触了一段时间之后，他充分了解了孟小冬的基本功，然后提出了一套适合孟小冬的训练方法。

仇月祥觉得，现在的孟小冬不必像其他同年龄段的孩子一样，依然每天练习"拿大顶"，她在这方面已经有足够积累了。现在的孟小冬，需要练习的是踢腿、压腿、下腰等，尤其要练习的是身段。还有在练气、喊嗓子方面，要下苦功夫。

那段时间，孟小冬的生活很有规律。每天早早起来，跟随师父出去，到城墙根下，对着城墙练习口型。练完之后，跟师父回家，学唱腔，学身段。一学便是一天。到了晚上，便开始背戏词。当然，这中间少不了要帮师父干些琐碎的活计，像沏茶、装烟丝等。

可以说，孟小冬每天都非常忙碌，除了吃饭睡觉之外，都在不停地做事。这对于一个8岁的孩子来说，是非常辛苦的。

如今的小孩子们每周上五天学，休息两天，平时也不用做家务，还能偶尔玩玩游戏、看看电视之类的，他们还是喊着没有自己的空间，很累，等等。可是跟孟小冬比起来，现在的孩子简直是幸福极了。

但年幼的孟小冬并不觉得苦，反而每天过得有滋有味，因为她自小喜欢戏剧。对她来说，学戏虽然是父亲的安排，却也符合自己的意愿，所以她不觉得苦，反而觉得甜。

因为喜爱，再加上拜师之前就有基础，孟小冬进步非常之快。师父每天不停地教，孟小冬就不停地学，虽然也会感到累，但那些剧目总是能让她感到新奇和欢喜。这份新奇和欢喜，就是孟小冬学下去的动力。

仇月祥有一个习惯，在教授唱腔的时候，手里会拿一块木质"戒方"，外形类似私塾先生的戒尺，不过，仇月祥的"戒方"不是用来打人的，而是用来打节奏的。每次都是孟小冬在那里唱，仇月祥在旁边给她打节拍。仇月祥还有一个规定，那就是每一个唱段都要反复唱，至少要唱二三十遍才可以，他觉得，只有这样才能让人在内心对这段戏产生深刻的印象，甚至是习惯。他想要的效果是，提到这段戏的时候不用想，习惯性地就能脱口而出，这样才算是真正学会了。

仇月祥为孟小冬开蒙的第一出戏是《乌盆记》。由于孟小冬年纪尚幼，因此仇月祥只教她"二黄"和"反二黄"两段，其他如"西皮"等，因为有较为复杂的动作，年幼的孟小冬很难完成，因此暂时不教。

老式的手把手教授，或许看起来有些笨拙，但效果还是极好的。在仇月祥的精心教导下，孟小冬进步很快，而且她本来就有基础，加上天分很高，所以前后只用了三个月的时间，就将师父所教的戏段学得有模有样了。仇月祥虽然脸上严肃，但看到孟小冬进步如此之速，心里也是极欢喜的。只是不便表露出来，怕孟小冬受到夸奖之后太过骄傲。

看孟小冬将《乌盆记》学得差不多了，仇月祥便开始教她新戏，分别是《空城计》和《逍遥津》。

仇月祥在孟小冬身上可谓是下足了功夫，除了自己每天都教戏之外，还专门为孟小冬聘请了一位琴师，每天下午三点上门来为她吊嗓子，每次吊两出戏，大概要花掉两个小时的时间。

每天早晨喊嗓，练身段，中午学戏，下午学戏吊嗓，晚上背戏词，这就是孟小冬一天的生活。而将这些场景不停地一天天重复，就是孟小冬童年的生活。人们看到的都是孟小冬在舞台上的光鲜和靓丽，却少有人知道，在这光环的背后，她曾付出过多少的辛苦和汗水。

努力从来都是不会错的，不管什么时候，只要努力，就有希望，有了那希望人们也便有了前行的动力，有了成功的可能。孟小冬天资聪颖加上懂得努力，自然个人的实力会有很大提升。如今的孟小冬，虽然还是一个孩童，但实力已不在成人之下，她需要的不仅是继续努力学习，还有一个展示的机会。

第四章　初次登台艳惊四座

很快，展示自己的机会就来了。在孟小冬拜师那一年的深秋，有人送来了邀请函。

当时，上海的一位名人关絅之过四十岁生日，想要操办一下，于是聚齐亲友为自己祝寿。那时候，娱乐项目缺乏，人们最为感兴趣，也最能体现出自己身份的娱乐方式，便是听戏。所以很多大户人家有什么喜庆事的时候，都会请戏班来唱戏。不仅在于热闹，更是身份地位的象征。

这关絅之也一样，他邀请了上海九记票房的诸位票友们登台演戏，为自己造势。说起九记票房，在上海那是大大的有名，它是上海成立最早的京剧票房，也是当时上海滩人才最多的京剧票房。比如当时著名的戏剧期刊主编刘豁公、袁寒云等都属九记票房。

仇月祥在上海梨园界也是有一定知名度的，大家都知道他的名字，也有很多人听说他收了一个好徒弟，因此有人给他们发邀请，请年幼的孟小冬客串一出《乌盆记》，也就是孟小冬正式学习的第一出戏。

正式开演的那一天，8 岁的孟小冬首次登台献艺，她扮演的是刘士昌，跟他配戏的是名票冯叔鸾，他饰演张别古。孟小冬一开口，台下顿时掌声四起。人们纷纷觉得惊奇，都没想到，这个 8 岁的小姑娘竟然有如此嘹亮的嗓音，且字正腔圆，咬字清晰，更为难能可贵的是，孟小冬虽然是个女孩，但唱戏丝毫不露雌音，且动作走位，方寸不差。这样的表现，着实让内外行惊艳了一把。

这便是孟小冬的第一次登台。前面帮父亲解围的时候，虽然也算上台唱过几句，但那算不得演出，只是一段清唱而已。而这次，穿上戏服，跟名票对戏，才是真正的登台。

孟小冬的这次登台无疑是成功的，新声乍试，便震惊四座，从此在上海戏界一炮打响。

在这次堂会的演出之前，曾有四五天的排练时间，这之中还有一段小小的插曲。有一天下午，仇月祥给孟小冬请的青年琴师准时来帮她吊嗓，可是不知何故，仇月祥发现那天琴师的节奏一直有问题，速度偏快。

仇月祥没有直接指出，而是在旁边用自己的"戒方"拍打节奏，企图控制一下那青年琴师。可是，结果那琴师不仅没有放慢节奏，反而越拉越快，赶得孟小冬上气不接下气。仇月祥见状，勃然大怒，将手中的"戒方"狠狠拍在了桌子上，大喊："停。"

转身非常严肃地问那琴师：

"你今天这是怎么了？吃错了药吗？怎么越来越快，是想要我们冬姑娘的命啊？你必须给我一个理由，赶紧说！"

那青年琴师见状，知道糊弄不过去了，只好实说。原来，他一个朋友临时请他帮忙，去票房伴奏，定的时间是四点钟。

因为跟那人关系不错，所以不好退却，这琴师就答应了下来。而小冬这边的时间是三点开始，五点结束，如果按照正常节奏，那么就要耽搁去票房伴奏了，所以那青年琴师才拼命赶节奏。

仇月祥听了琴师的解释之后，不禁大怒，吼道：

"呸！"接着又说"你有事，可以打个招呼，我们又不是不通情理的人。到时候大家一起商量，让你早走一些，或者今天停一天，明天再练也无所谓。可是你什么都不说，而是用节奏来赶我们的孩子，实在是不像话。年轻人，在上海滩谋生活，要懂得规矩，你这种混事的办法是不行的，滚吧，以后不要再来了。"

那年轻琴师知道自己理亏，也懂得自己所做太不地道，自然不敢还嘴，只是慌慌张张收拾了东西，头也不敢抬，一溜烟儿跑掉了。

谁知，第二天那个琴师又准时来了。进门后先赔笑，接着低着身子说：

"仇大爷，昨天的事实在是抱歉，确实是我不对，赶得大小姐竟缓不过气来。今天我没事了，有的是时间，也绝对配合，请大小姐尽量吊嗓子，保证没问题。还望您老再给一次机会。"

仇月祥早已经消了气，又见这年轻琴师赔着笑脸，应该是真有悔过之心了，也便没有多计较。只是跟那人说：

"以后继续合作是没问题，不过年轻人，有两句话我要跟你说明了。以后不要胡来，帮人吊嗓子的时候，千万不要把胡琴过门拉得太短，把节奏弄得太快，那样对拉的人有损，对唱的人更是有害。我们在江湖上走动，在社会上讨生活，靠的就是一个规矩、一个道理，遵循了这个道理，便有走不尽的路，赚不完的钱。如果不遵循这个道理，那么用不了几天，就会被人踢出这个行当。年轻人，我今天的话，你可要记住了。"

年轻琴师已经知道错了，也懂得仇月祥这段话的道理和分量，因此不住点头称是，最后还略带玩笑地说："仇大爷一席话，胜读十年书啊！"

仇月祥听了，也高兴地笑了笑，对琴师说：

"好了，不多废话，帮小冬吊嗓子吧。"

这不过是生活中的一段小插曲，不过从中可以看出仇月祥的为人处世风格。他是一个有职业要求的人，更是一个有职业道德的人。正是因为有了这样的师父，所以小冬才能够学有所成。

如果没有一个好的老师来教导，那么即使有天赋，也不一定能够成事。所谓凡事都有两面，必须内因外因都具备的时候，才能真正有所成。

孟小冬早年的成名剧目，多是由启蒙恩师仇月祥所授。仇月祥教给孟小冬的，都是孙派唱法，即由著名艺术家孙菊仙开创的一路唱法。

那时候，是一个京剧人才辈出的年代，也是一个京剧流派频出的年代。概因当时京剧刚刚形成不久，还属于新生艺术门类。这样的艺术，自然是有活力，长于创新的。事实也确实如此，那时候的京剧，不仅有改编于传统皮簧戏的老戏，更是有当时的京剧艺术家及爱好者自己编排的新剧。这种创新性和活力，是京剧得以迅速发展，并最终成为国粹的重要原因之一。

不过，即使这种敢于创新，充满了活力的新剧种也是有很多局限的。其中最大的局限便是演员的性别问题。

在京剧中，一直有男扮女的传统，且一直延续至今，这源于历史的沿革。在古代，女性是被禁锢的，女人如果从事唱戏行当，则会被看得低贱，因为女人应该待在闺中，深藏闺阁才对，整日价抛头露面，难免不被人评头论足。过去，唱戏本就是一个极不稳定的职业，经常要走南闯北，如果戏班中有女性演员，平时的起居生活也就会有诸多不便，尤其是男女不可混住，因此光是在住宿上就要多些花费，这对跑江湖的唱戏人来说，是很难承担的。

所以，那时候的戏班中基本都是男人。这是封建时代对女性的禁锢，不过它也有其正面的意义，便是诞生了很多著名的坤角男艺术家。而且，确实有很多男旦在京剧发展过程中做出了巨大的贡献，如王瑶卿、于连泉、冯子和、黄桂秋等。而有"伶界大王"之称的梅兰芳先生就更不用说了，他不仅参演了很多新戏，开创了梅派唱法，还将京剧带出了国门，在国际舞台上获得了声誉。甚至梅派京剧艺术还被公认为世界三大艺术表演体系之一，不可谓不辉煌。

清末时期，中国已经进入了动荡期，同时也是新思想、新意识不断涌现的时期。这时候，很多女性走出家门，意欲打破禁锢，而社会对女性也变得宽容了许多。在这样的背景下，开始逐渐出现了全部由女青年组成的戏班，多半都是演唱京剧。

虽然人们对由女性组成的戏班不再抵制了，却也没有给它足够的尊重。早期，在戏迷的眼中，她们虽然也在唱戏，甚至有些唱得还不错，但

坐着的是孟小冬

依然是上不了台面的，根本登不了大雅之堂。虽然有些人依然歧视女性，但大多数人在慢慢接受女性唱戏，一些开明的知识分子，甚至已开始为女性同胞的权利摇旗呐喊了。

不过，虽然女演员的地位有所提高，但她们组成的班底，在称呼上还是没有改变，叫做髦儿戏班，这是女性戏班刚刚兴起的时候，人们给它的称呼，带有调侃和轻视的意味。后来，这个名字一直没被完全甩掉。

1919 年的 3 月到 5 月，孟小冬就参加了王家的髦儿戏班，一起去无锡演出，并取得了极为辉煌的成绩。

如果说唱堂会是孟小冬第一次登台，并得到了行家和台下观众的认可的话，那么去无锡演出，便是孟小冬的第一次辉煌，得到了一方百姓的追捧和热爱。

第二卷
挑帘成角饮尽荣誉

第一章　三莅无锡声名大噪

　　孟小冬第一次去无锡的时候，是 11 岁，陪着她一起去的，还有他的父亲孟鸿群和师父仇月祥。在那次巡演中，跟孟小冬搭戏的是当时著名的坤角老生杜云峰以及武生小春来等人。他们的演出场所，是当时无锡的新世界屋顶花园剧场。

　　帮孟小冬促成这次演出的，是她的六叔孟鸿茂。

　　经过几年的教授，仇月祥觉得小冬已经可以出去进行营业演出了，而且她也确实需要多登台锻炼一下。于是他便跟小冬的父亲孟鸿群商议，想让小冬出外跑跑码头，实践一下。孟鸿群也早就有这个打算了。这些年，他一直在关注着这个心爱的女儿，看着她成长，在孟鸿群心里，小冬早已经具备登台的能力了，所以他丝毫没有迟疑，就同意了仇月祥的意见。

　　主意定了之后，就是找戏班了。正好那段时间有人托孟小冬的六叔孟鸿茂帮忙找人唱戏，要去的地方就是无锡新世界屋顶花园剧场。他们要找的，是一个能够挑大梁的老生。

　　当时，孟鸿茂已经推荐了一个老生，双方正在洽谈报酬事宜，戏班还没有启程。孟鸿茂就想到把小冬也推荐过去，一起试试看。

第二天，无锡新世界的经理便跟孟鸿茂来看孟小冬，那经理初见孟小冬，感觉不大满意。因为孟小冬还是个小孩子，个头不大，也略显瘦弱，还没有脱掉孩童的稚气。他心想，这么一个小孩子能唱出什么来呢？碍于中间人的情面，勉强听小冬唱了一段。

那天，小冬唱的是《逍遥津》，她一开口，那经理便被吸引了，一曲终了，经理听得很是兴奋，当即表态要孟小冬去无锡，而且要求头天的打炮戏就唱《逍遥津》。临走时，他还意犹未尽，不住地说："无锡这么多年来，还没有人能唱这个戏，这下好了，无锡戏迷有福了。小姐去了，准红！"

就这样，孟小冬来到了无锡。

海报早就张贴出去了，票卖得也不错。不过，演出开始前，却出了点状况。就在开演前不久，无锡突降大雨。这突然而来的大雨肯定会影响上座率，可是没办法，宣传已经打出去好几天了，而且已经陆续有人来了，无法改期，只能照常上演。

当晚，孟小冬唱"大轴"，即最后一个出场，演唱的曲目是当初跟经理约定好的《逍遥津》。虽然大雨影响了上座率，但差不多也坐满了。

当晚的演出很精彩，孟小冬一开嗓，就镇住了底下的观众。她年纪虽小，但嗓音洪亮，且没有女性特有的雌音，舞台走位丝毫不差，唱时感情充沛，堪称完美。

当晚，无锡的新世界屋顶花园剧场，出现了前所未有的热烈气氛，观众们都被这个瘦小的女孩征服了。此时，站在后台的孟鸿群和仇月祥却是两种不同的表情，仇月祥见到观众们的热情，欣慰地笑了；而孟鸿群则老泪纵横，他终于等到女儿出头的一日了。

散场后，仇月祥请孟小冬父女吃消夜，席间兴奋劲儿还没过的仇月祥不停地夸赞孟小冬："好样的小冬，师父没白操心啊！"孟小冬也很开心，尤其是听了师父的夸奖之后，更是兴奋，她转身不无天真地问父亲："爹爹，我现在也是角儿了吧?"孟鸿群还没回答，旁边的仇月祥已经收起了笑容，严肃地跟小冬说："还早得很，你可千万不要有这种想法。"师父的话像一盆冷水浇在了孟小冬的头上，她心里一下凉了很多。她转过头看了看父亲，从父亲的表情中，她感觉到，虽然父亲没有说话，但他的意思跟师父是一样的。这一下，忘乎所以的孟小冬顿时清醒了很多。

第二天，报纸刊登了前一晚孟小冬在新世界演出的盛况，写道：

是日为须生孟筱冬登台之第一日，故卖座甚佳。孟筱冬芳龄尚稚，而嗓音清越润利，较小刘鸿声响亮，做态亦颇活泼，故博得观客连连彩声。

还有评论说：

前晚整个剧场沸腾了，观众席上一片惊叹声：这是奇迹！

她才 11 岁。孟筱冬毕竟不凡，可谓大器早成。

王勃 14 岁即能即席作赋，自古惊为天才；孟筱冬 12 岁能唱谭、刘各调，亦天才也。

这里须要提及一下，报纸中登的"孟筱冬"是没有错的，她刚出道的时候，用的就是这个艺名。后来她去上海法租界的共舞台表演时，才将艺名改为"孟小冬"。

接下来的几天，孟小冬接连表演了《失街亭》《斩马谡》《空城计》《白虎堂》等，场场爆满，且都得到了观众的极大认可。

等到两个月后，孟小冬离开无锡的时候，当地的观众已经深深喜欢上了这个年纪幼小的女孩。当地报纸还登出了这样的消息：

> 凡内行看戏者，无不为之惋惜云云……奈离锡在际，此曲将成《广陵散》矣！

由这段话可以看出，孟小冬在无锡戏迷心中的地位，以及她给无锡戏迷带来的满足和愉悦。甚至有很多人责怪新世界在合同期满之后没有挽留孟小冬。

后来，应观众的要求及舆论的影响，新世界屋顶花园剧场决定重金礼聘孟小冬再次来无锡献艺。

孟小冬第二次来到无锡，是两个月后，也就是当年的7月。这次，盛况更是空前，剧场的票开售即罄，演出时连回廊里都站满了观众，更有观众索性搬来桌椅，站到上面观看。

那段期间，报纸曾经报道说：

> 屋顶花园自孟筱冬卷土重来，游客陡增，日间以乡曲为多数，晚间则人众拥挤。深望主其事者将剧场设法扩充之。

又说：

　　孟筱冬自离锡后，一般戏迷深为惋惜。今闻孟伶重行来锡，连排名剧，以饷邑人，故门票每日可售七百余张，皆该伶一人之魔力。

　　这一次，孟小冬在无锡一共演了 68 场，历时两个多月。用全本的《桑园寄子》《四郎探母》《翠屏山》打炮。

　　值得一说的是，孟小冬这一次的无锡之行还演了她的首次代表作。

　　当时，袁世凯的二女婿也是著名的剧评人薛观澜在无锡，孟小冬曾去薛家演堂会，上演的剧目是《黄鹤楼》。其中孟小冬饰演刘备，当唱到"休提起当年赴会在河梁"一句时，台下喝彩声四起，观众兴奋异常。因为这句被小冬唱绝了。很多年以后，薛观澜列举了孟小冬一生所演的剧目，选出了她的八次代表作，而这次堂会中所唱的《黄鹤楼》，被薛观澜称为孟小冬的第一次代表作。

　　为了养家糊口，小小的孟小冬就当了戏班的主角，并于半年之内两下无锡，连演 130 多场，其努力程度叫人肃然起敬。从辛苦程度上讲，这是命运对孟小冬的不公；对无锡的观众来讲，这是上天对他们的眷顾。这样一位京剧天才在无锡连演 130 多场，实在是无锡戏迷之福。

　　孟小冬少年扬名，早就结识了许多名流。除了薛观澜之外，孟小冬在无锡还认识了杨氏家族。孟小冬和杨寿彬夫人及其子杨景炜经常来往，这成了孟小冬后来北上时，能够结交上层京剧名家的一个桥梁。

　　无锡杨氏家族跟北洋政府中担任高官的一干人，有不少的联系，孟小冬去北京之后，受到了杨家不少的关照。当然，这

豆蔻年华的孟小冬

些都是后话。

孟小冬离开了无锡，但她的声音没有离开，一直萦绕在无锡戏迷的耳畔。无锡戏迷始终不能忘记，曾经有一个十来岁的小姑娘，给他们带来了无限美好的艺术享受。有些人，日夜期盼着孟小冬的再次到来。

孟小冬确实第三次去了无锡，不过那已经是五年后的事情了。而此时的孟小冬早已不是那个瘦削的小女孩儿，她已经是个亭亭玉立的大姑娘了。

孟小冬的这次到来，是因为一家戏院的开张。1924年的时候，无锡东新路上新开了一家戏园，叫庆生戏园。庆生戏园比之前的新世界屋顶花园要宽敞很多，环境也更加优雅。

戏园开张，要做的第一件事自然是打响品牌。而请名角儿来演出，则是最好的方式。在商议请谁来替自己打响这第一炮的时候，老板想到了五年前曾经来过无锡演出的孟小冬。她如今已经是红遍大江南北的名角儿了，自然有号召力，更为重要的是，无锡戏迷们仍然对她念念不忘。无疑，在无锡，孟小冬是最有号召力的。

后来，庆生戏园经过多次联络，终于请到了孟小冬。这位著名的京剧演员第三次来到无锡。不过跟前两次不同，这次不是常驻演出，而是短期帮忙性质的演出。即使这样，无锡的戏迷们一样疯狂了。

孟小冬的阵势也大不一样了。本次广告打出的是：

重金聘请京沪著名环球欢迎超等唱做并美须生泰斗。

相对于五年前那个略显青涩的小姑娘，此时的孟小冬，已经是足以威震一方的名角儿了。这一次，孟小冬在无锡一共演了8场，场次虽少，但剧目却非常精彩。孟小冬的首场打炮戏是全本的《四郎探母》。关于当晚的情况，第二天的报纸是这样写的：

孟小冬昨晚登台庆升，盛况从来未有。

孟小冬这8场戏一共演了6天，这6天里，庆生戏园天天客满，场场爆棚。观众们不仅感受到了五年前孟小冬带给自己的震撼，更是听出了这五年间孟小冬的进步。关于这点，报纸上评价道：

孟小冬之唱做比前进步，某戏迷家谓犹五百与五十之比。

更让无锡戏迷疯狂的是，孟小冬不仅在技艺上精进了，所率领的班底也早已不同从前。这次，辅佐孟小冬的琴师是全国闻名的"胡琴圣手"孙佐臣。孙佐臣名孙道光，北京人，因为乳名叫老元，因此人们大都称他为孙老元。

孙老元最初学的是小生，后来放弃演唱改学胡琴，并最终取得成就。在孙老元17岁的时候，曾经给三庆班的大老板程长庚操琴，并因此而名声大噪。后来，孙老元一直跟着程长庚的弟子汪桂芬、孙菊仙等人，为他们操琴。因为合作者的江湖地位都极高，孙老元也得到了人们的称赞和敬佩。其中，值得一提的是谭鑫培，他听了孙老元的经历，听了孙老元的琴音之后，非常仰慕，托人联系，最终得以合作，于是，孙老元又为谭鑫培拉了很多年的琴。

孙老元是资深琴手，跟众多名家合作过，功力和见识自然非凡，他的伴奏稳健大方，圆润流畅，琴音干净。不仅在梨园圈子里有名气，甚至在观众中也有一定的影响力。那时，甚至会有人专门为了听孙老元的琴而走进剧场。孙老元跟孟小冬的合作可谓珠联璧合。孙喜欢拉高调门，因为这样显得琴声脆丽而又高亢。而孟小冬是女声唱老生，恰好调门极高，因此两人合作相得益彰，更显彼此的魅力。

孙老元跟随孟小冬去无锡的时候，已经年过花甲了，不过年纪虽大功力不减。尤其是上台之后，更是有一股子冲劲儿，仿佛有使不完的力气。这便是一个老琴师对舞台的热爱了，或许他们也有精力不济的时候，但只要上了舞台，立刻精神抖擞，变成了这个舞台的霸王。

关于二人的合作，当地的报纸也多有报道，其中一篇这样写道：

> 孙老元之胡琴，为舞台第一手，此次来锡，邑人之耳福不浅哉。
>
> 孟小冬之戏，邑人交誉之，然其琴师之佳，亦称一时无两。
>
> 小冬得其衬托，弥见精神。小冬之艺固堪激赏，然必有此好琴师乃相得而益彰，场面之重，有如是者。

与孙佐臣话叫天（指谭鑫培，人称谭叫天）当年盛况，
犹白头官人谈开元遗事也。

孟小冬这次虽然演出时间短暂，无锡的戏迷一样是过足了
戏瘾。

以上便是孟小冬三赴无锡的整个过程，从那以后，她再也
没有去过无锡演出，不过她的声音却永远留在了无锡戏迷的
心中。

孟小冬给无锡带来了欢愉，而无锡也给孟小冬带来了福气。
可以说，孟小冬是从无锡开始，正式开启了自己的名角儿生涯。

第二章　上海登台杜孟初识

现在，我们继续将时间拉回五年前。在无锡的两次演出，也让孟小冬有了些名气。更重要的是，在无锡的时候她认识了很多豪门富人。这些人不仅在以后给予了她不少帮助，也让年幼的小冬开了眼界，了解上层社会的人是怎样的生活状态。

辛亥革命之后，江南首开男女同台演出的先河，之后各地效仿不断，很快北京等地也渐渐出现了男女演员同台演出的现象。这是一个进步，当然也会同其他的进步一样，要经历一个渐进的过程。

人们已经能够接受男女演员同台了，但依然没有给予绝对的肯定。所以，女性演员能够选择的空间还是较少的，一般来说她们只能在一些小戏班里唱戏，许多大戏院是不允许男女同台的。

那时候，相对规模较大的戏园中，只有头脑活络，思想相对开放的黄楚九的戏园，是允许男女同台的。

黄楚九是余姚人，我国西药业和现代娱乐业的先驱，他思维敏捷，很会经营事业，他没有太多的陈规旧念，头脑比较开放。因此他涉猎行业很多，并且多有所成，时人称他为"百家经理。"

1917 年，黄楚九在法租界开办了大世界。当时上海最为繁华的娱乐场所是新世界，黄楚九为了跟新世界竞争，花费了很大的力气。大世界无论在建筑、配置等方面都力求超过新世界。他们请的演员自然也一定要是自己最为中意的。

商界大亨黄楚九

大世界初创之时，仅有两层，底层是京戏、歌舞和电影等，二楼则是一些杂耍、各地曲艺、说书场等。其中的演员，都是各地名家，像弹词的吴玉荪、朱耀庭，苏滩的林补清，滑稽戏的王无能等。唯独京剧只请到了当时一些三流角色。

因为当时京剧方兴未艾，各大名角都在大戏院演出，很少有人愿意到这种游乐场性质的场所来演，这让人觉得丢了身份。由于没有名角儿，大世界的京剧场被人们习惯性地称为"小京班"。

大世界开办以后，因为票价低，各种服务又比较到位，所以异常火爆，不到两年的时间，便将其他游乐场的顾客吸引来了大半。因为生意好，黄楚九扩大了大世界的规模，加高了楼层，而且演出场也扩大了。之后，黄楚九又花重金聘请来了当时在上海滩名气很大的著名武生李春来，作为大世界的头牌。从此，大世界更加热闹了。

孟小冬：繁华锦瑟三折戏

1919 年孟小冬已经开始了职业的营业演出，当时她演出的地方是城隍庙的"小世界"游乐场。一个偶然的机会，黄楚九发现了这个年纪虽小，但颇具实力的女孩，便亲自登门相邀，请她去大世界客串演出。

当年的 11 月，孟小冬应邀到大世界客串大轴，演唱《逍遥津》，结果效果很好，当晚就卖了满堂。黄楚九非常高兴，于是正式聘请孟小冬到大世界来搭班唱戏。12 月 1 日，孟小冬跟大世界正式签约，成了大世界京剧班的一员，当时跟她同台合作的，有著名演员李春来、露兰春、粉菊花等。这些都是上海有名气的角色，孟小冬刚出道不久就能跟他们同台，且能上演的剧目颇多，让很多人咋舌。这是孟小冬的幸运，而这份幸运来自于她的天赋和努力。

由于孟小冬等一众女演员的加入，大世界的大京班也成了男女合演的形势。在大世界的舞台上，常能看到这样的场景，女扮男，男扮女，一时男女难分，于是黄楚九决定给大京班改名，最后定的名字是"乾坤大剧场"，意为这里男女都有，且男女同台。

孟小冬虽然少年得志，但并不张狂。她珍惜跟前辈同台的机会，更珍惜跟前辈的交往。在大世界演出的时候，她跟后来成为著名戏剧家的粉菊花关系很好，并常常去请教技艺。粉菊花也很喜欢这个努力的后辈，自然不吝赐教，孟小冬问什么，她都努力解答。最后，二人成了忘年交。当时的大世界内除了京剧之外，其他剧种的演员都是上海最一流的。孟小冬跟他们关系也都不错，而且从其他剧种中吸取了很多东西，加入到自己的戏中。

1919 年的 12 月 13 日，是一个毫不起眼的日子，不过对孟小冬来说，这一天却并不寻常，许多年后发生的一件事，给这一天赋予了不寻常的意义。那是后话，暂且不表，我们先来说说这一天到底发生了什么。

当天，孟小冬演压轴，剧目是《击鼓骂曹》，她演祢衡。孟小冬唱到"纵然将我的头割下，落一个骂贼的名儿扬天涯"的时候，台下喝彩声尤其热烈。这时，观众席中一个30来岁、短头发的男子，立即吩咐自己的手下，准备花篮。孟小冬一曲唱完，那男子便迫不及待地起身，往后台奔去，连最后的大轴戏都顾不得听了。男子走到后台，便向孟小冬献花。此人，便是之后称霸上海滩的杜月笙。

见到孟小冬之后，杜月笙双手抱拳，用韵白的方式说道：

"孟大小姐，阿拉杜月笙这厢有礼了！"接着又说："恭喜孟大小姐演出成功！"杜月笙的这番恭维绝对是发自真心的，他确实被孟小冬的表演给折服了。

孟小冬此时正在卸妆，她平时是个不苟言笑的人，不过此时，也被这个略显滑稽的杜老板给逗笑了。

杜月笙，上海青帮中最著名的人物，也是20世纪上半叶上海滩最富有传奇性的人物之一

她觉得眼前这个人很特别，他的身上有一种不同于别人的个性，更为重要的是，在孟小冬的眼里，杜月笙那对大招风耳朵极为有趣。孟小冬"扑哧"乐完，还没开口，旁边的师父仇月祥已经走了过来，指引孟小冬见礼，而一旁的父亲孟鸿群亦是催促小冬，赶紧接过花篮给对方还礼。在师父和父亲的敦促下，孟小冬走上前去，从杜月笙手中接过花篮，并双手合十还礼，完成了这一次的见面。那时候，孟小冬年仅十一岁，是第一次和杜月笙见面。她怎么也想不到，自己之后的命运，会跟这个人紧紧连在一起。恐怕杜月笙也不会想到这些吧。

其实，杜月笙早就听说过孟小冬。以前孟小冬在各处的髦儿戏班演唱，其中常去的一个地方就是小世界游乐场。而杜月笙正好是小世界的股东之一。那时候，杜月笙就听过孟小冬的戏，觉得这个小女孩将来一定有所作为。不过他没想到仅仅三年，这个小女孩就有如此精进，以至于当晚他被深深吸引住了。

有人说就在当晚，杜月笙深深迷恋上了孟小冬，甚至有的文章写道，那时杜月笙就已经暗下决心，要将孟小冬娶到手。其实，这是不确实的，充其量不过是后人的一种猜想。从种种迹象看，当时的杜月笙确实迷上了孟小冬，不过更多的是迷她的戏，是一种粉丝对自己喜欢的演员的爱慕之情，还没有发展到男女情爱。杜月笙对孟小冬萌生情愫应该是孟小冬成年之后。不过，这次献花之后，杜月笙确实非常关照孟小冬，给了她很多帮助和支持。

不久，孟小冬与大世界的第一次合同期满，杜月笙见有机会，便热心撮合孟小冬去他老大，也是他师父黄金荣的剧场演出。1920年12月，孟小冬正式搭班黄金荣的共舞台，从此再上一个台阶。自此凡是孟小冬的戏，杜月笙几乎每场必看，俨然成了孟小冬的铁杆儿粉丝。

当时的京剧领域，人才辈出，竞争也非常激烈。那是京剧最辉煌的时代，不仅有一众举足轻重的名角儿，而且时常就会产生新唱腔，上演新剧目。

这些新剧目，有的是出自文人之手，完全由编剧们独立创造，有的则是根据时事改编。

1920 年，上海曾发生一起谋杀案——洋行职员闫瑞生谋杀名妓王莲英。该案发生后，经过各路报纸媒体的大肆渲染，很快便传扬开来，轰动了整个上海滩。

案发不久，有就人将该案编成了话剧，起名《枪毙闫瑞生》，在舞台上演。因为是时事剧，舞台布景又华丽，情节曲折动人。这幕剧上映之后，连演半年不衰，可谓是赚足了眼球。大老板黄金荣见此情景突然奇想，便请人将这幕话剧改编成了京剧，在自己的共舞台上演，没想到这一改轰动更大，其热度竟然超过了原先的话剧。

由这一件事也可看出当时京剧界的风气，是兼容并包、不断前进的。当时的京剧从业人员，不仅从其他的曲艺曲种当中吸收唱腔，而且还积极创造新剧，这种创造力才是京剧能够在那个年代流行的主要原因。如今的京剧也需要创造力，这一点值得现在的人们深思。

孟小冬也曾参演过《枪毙闫瑞生》一剧。本来，这幕剧是由露兰春主演的，一次露兰春无法上台，因此由孟小冬临时串演莲英一角。这一场戏是莲英托梦，戏中有大段繁重的唱功，也有翻、有舞、有唱，非常热闹，是观众喜爱看的，却也是一般演员唱不好的。

孟小冬：繁华锦瑟三折戏

本来，这一段是露兰春的拿手好戏，没想到孟小冬偶然一次串场便后来居上。很多人都觉得孟小冬的那一场，比露兰春唱得还要好。这便是孟小冬的实力了，哪怕是偶尔一次的露脸，也能让观众牢牢记住自己。

孟小冬是那种既唱得好，又懂得多的演员。她专攻老生，但常兼演武生、红生，如果有需要旦角也能上，像在《枪毙阎瑞生》一剧中，便是饰演莲英，属旦角。而且，不管她上哪一个，都唱得有板有眼，绝非一般演员可比。

在那个京剧最辉煌，同时内部竞争也最激烈的时代，想要成角儿，不仅要做到"专"，还要做到"通"，只有这样才能提高自己的竞争力，而孟小冬正是这样一个既专又通的强有力的竞争者。

在当时，《枪毙阎瑞生》一剧不仅火爆，票价也颇高。遗憾的是，这出戏并没有流传下来。一则该剧不同于文化积淀深厚的历史剧具有历久弥新的影响力；二则当时的演出场面混乱，演员们穿戴的是现代衣服，运用的是古老的身段和唱腔。当时的观众能够感到新奇和刺激，后来看起来就有些不伦不类了。

不过虽然这出戏没有流传下来，也没有达到很高的艺术标准，但其意义却不容小觑。它代表的是一种尝试和努力，只有有这种创新的意识，敢于尝试，才能够做出新的东西来。正是有这些失败的经验在，才能够让人们走向更加成熟的成功。

黄金荣的共舞台是一个可以让人走红的地方，自然也是一个竞争异常激烈的地方，想要在这种地方站住脚，自然是需要一定实力的。而且，像这种万人瞩目的舞台，有时候光有实力还不行，还要经历这样那样的事情，有钩心斗角，有得势失势，在这里，不仅需要实力，有时候还需要靠山和智慧。孟小冬在共舞台期间，就曾亲眼目睹过一幕争斗。

前面曾提到过，共舞台有一个叫露兰春的演员，此人技艺高超、能文能武，可以说是一个全才。露兰春跟孟小冬颇有渊源，她们两个同一年进入黄楚九的大世界，后来又一同进入黄金荣的共舞台。

露兰春的实力是不如孟小冬，但名气跟孟小冬却相差无几，她比孟小冬大9岁，二人关系不错，一直以姐妹相称。两人也有过合作，一起演《宏碧缘》，且红极一时。

露兰春二十刚出头，正值青春年华，是女人最漂亮的年纪，身边自然少不了追

眉目姣好的露兰春

求者。其中之一，便是共舞台的大老板黄金荣。当时，黄金荣已经50多岁了，可是依然春心不死，定要将露兰春霸占到手。主意打定之后，便是行动了。黄金荣也确实执着，他一连两个月天天亲自下戏园为露兰春捧场，同时，还花费重金，在报纸上买版面宣传露兰春。而且，他还帮助露兰春灌注了很多唱片。一时间，大上海的报纸上都是露兰春的报道，其风头甚至盖过了当时的上海红伶小金玲和粉菊花。

黄金荣对露兰春的追捧，让露兰春名声大噪。人有名气了，自然引来更多的追随者，其中一个便是当时浙江督军、大军阀卢永祥的儿子卢筱嘉，这卢筱嘉也是上海滩的一个名人，他跟孙中山的儿子孙科、张作霖的儿子张学良，还有袁世凯的儿子袁克文并称"民国四公子"。卢筱嘉是一个标准的戏迷，很爱听

戏，同时也是一个标准的浪荡哥，整日沾花惹草。他从报纸上看到大批对露兰春的报道，早已经垂涎三尺了。于是找了个日子，身着便装，轻车简从专程去共舞台听露兰春的戏。

戏还未开场，卢筱嘉便迫不及待地命自己的手下给露兰春送去了一枚钻戒，以示交好，并约定戏散后共度良宵。不过，被露兰春以另有所约推掉了。

碰了钉子的卢筱嘉很是生气，于是决定改捧为踩，想惩罚下这个不知天高地厚的戏子。戏开演之后，露兰春刚出场，卢筱嘉就故意喝了一声倒彩。

此时，黄金荣也在台下听戏，他听到竟然有人喝倒彩，不禁大怒，于是不分黑白，也没问那人是谁，就派自己的手下给卢筱嘉一顿老拳。卢筱嘉见对方人多，自己由于没有准备只带了两个保镖，动起手来也必然吃亏，便没有发作，只好灰头土脸地走了。

卢筱嘉从小受宠，哪吃过这样的亏，于是连夜跑回杭州，跟自己的父亲哭诉，说如何被别人欺负。卢永祥虽然气儿子不争气，只知道寻花问柳，但更气黄金荣太过跋扈，竟然敢动自己的儿子。于是一封加急电报发给了淞沪护军使何凤林，让他出头教训一下黄金荣。

黄金荣，旧上海赫赫有名的青帮头目，与杜月笙、张啸林并称上海滩青帮三大亨

几天之后，还是共舞台，黄金荣吃罢晚饭又带了几个保镖来给露兰春捧场。戏看到一半的时候，卢筱嘉带着十几个便衣悄悄来到了二楼包厢，在黄金荣和保镖还没反应过来时，就掏出了手枪，顶在了黄金荣的脑袋上，并恶狠狠地说：

"老猪猡，瞎了你的狗眼，连老子也敢惹，识相的就规矩点，否则一枪崩了你。起来，跟我们走！"

卢筱嘉刚说完，便过来两个彪形大汉，对着黄金荣就是一顿嘴巴，打得黄金荣两眼直冒金星，耳朵嗡嗡直响。这一下，可把黄金荣的保镖吓坏了，本来还想出头的，即使不能救出老大，至少也发两声，做出个已经尽力的样子来。可见到老大被人这么打了之后，竟不敢动了。

黄金荣被人连拉带拖带出了戏园，出了戏园之后，黄金荣才发现，路口上都有拿着枪的人把守着。这时他知道，这次自己栽了。

就这样，上海第一大亨黄金荣在众目睽睽之下，脑袋上顶着手枪，被人连拉带拽地从自家的戏园押走了。这位横行上海滩多年的青帮头子这次栽了大跟头，也吃尽了苦头。

消息很快就传到了黄金荣老婆林桂生的耳朵里。她初听这个消息还挺高兴，心想让你去追狐狸精，这下遭报应了吧。可是转念一想，事情早晚要解决，还是要把他救出来的。

林桂生自己拿不定主意，便打电话给黄金荣的小弟杜月笙。当时，杜月笙还在黄金荣手下做事，是黄金荣最得力的手下之一。其实，杜月笙早已经听说这件事了。原来，黄金荣刚被人带走，杜月笙的手下就将消息告诉杜月笙了。开始的时候，杜月笙还不相信，他怎么也想不出，在上海还有谁敢惹黄金荣。可是接到师母的电话后，他不能不信了。

　　杜月笙急急忙忙赶到了黄公馆，去的还有一个人，也是黄金荣的得力徒弟，叫张啸林。三个人商量了很久，最后决定分头行动。林桂生打电话给法租界求助，因为黄金荣本身就是法租界的人，他们应该会管，如果法国人出面调停的话，或许何风林会买账。而张啸林则去杭州求见卢永祥，杭州本是张的老巢，在那里关系颇多，想来卢永祥会给他这个面子，至少能递上一句话，让对方不把事情做绝。

　　杜月笙也是准备自己亲自去见何风林的，不过他的心思多，因此并不想马上就去。他觉得，让黄金荣多吃点苦头，对自己或许更有利。

　　过了两天，许多黄金荣的徒子徒孙见杜月笙一点动静都没有，都来找他，跟他说法租借那边的外国人跟何风林交涉过了，可是对方不买账。这时候，正是老大用到我们的时候，如果对方实在不通情理的话，不如跟他们干一仗。杜月笙制止了他们，跟他们说，还没到时候。

　　其实，杜月笙早已经有了盘算，他想趁着这个机会，更上一层，改变上海滩的格局。如果这时候自己能够大显身手，那么取代黄金荣的日子也许就指日可待了。

　　很快，杭州那边也传来了消息，张啸林见到了卢永祥，并百般求情，对方总算是答应给何风林发一个电报，让他们从轻发落。可是到底怎么个从轻法儿，甚至会不会从轻，都没有人知道，也没有人能够说准。

　　苦的是此时的黄金荣，被带走后他便被关了位于龙华的淞沪护军司令部的地牢里，不仅戴上了脚镣，还挨了好几顿打。而且，对方一连几天也不给他正经饭吃，每顿只有一点点热水，只要人不死就行。几天下来，原本大腹便便的黄金荣，如今已经是皮包骨头了。

又过了两天，杜月笙觉得，时机到了。他知道，自己这么做是有些冒险的，对方把事情做到这个地步，显然就没打算和平了事，也没将他们这些社会大亨放在眼里。更何况，当时的杜月笙虽然也有一定的势力，但毕竟只是黄金荣手下的一个小弟，分量还不够，对方未必买他的账。不过杜月笙觉得，这个险是值得一冒的，因为成功后带来的收益实在太诱人了。最后，他没带兄弟，而是带了两个锦盒，自己驱车来到了何风林的司令部，到门口后，递上名帖，送上锦盒，要求见何司令。

何风林听手下说杜月笙是一个人来的，而且打开锦盒之后，看到里面是黄灿灿的金条，不禁对他有些佩服了，同时他也知道，真正能够打破僵局的人到了。于是，便让人放他进来。杜月笙见到何风林之后，一番客气寒暄，低头道歉是免不了的。何风林见眼前的人虽然姿态很低，但并不流于谄媚，心里就知道，这个人绝非池中物，他日能掌控上海滩的必是此人，凭空多了些好感。同时，他也知道，再僵持下去对谁都不好。于是便做了个顺水人情，应了杜月笙的请求，将卢筱嘉也邀来，一起商议这件事怎么解决。

杜月笙全程满脸赔笑，让卢筱嘉很是受用，再加上父亲早已经发过电报，让他不要因为一个戏子而把事情闹大，如果黄金荣真出了什么事情，他们卢家也不好收场。所以，他在态度上也算和蔼，没有太过苛刻，而是一直听着杜月笙讲话，看他到底想要怎么解决。

杜月笙单枪匹马来见他们，心里早有考虑。杜月笙提出，可以将当时稻香楼里的头牌小木兰介绍给卢筱嘉，至于卢筱嘉得到佳人之后是娶来当老婆还是做妾，那就是他个人的事情了。

第二就是，让共舞台的那些保镖们为卢筱嘉摆酒压惊，并在酒桌上当面道歉。

这两点，卢筱嘉都是同意的，本来经过这么一番折腾之后，他对露兰春也已经失去了兴趣，不过就是争个面子罢了。如今既有更好的女子奉上，又让对方当众向自己道歉，这他自然是同意的。不过同意归同意，但如果只有这两个条件，他断然不会就坡下驴的，因为他想要的还不止这些。

杜月笙当然也明白，于是，接着又提出了第三个条件，他说自己跟黄金荣还有张啸林三个人筹集了一笔资金，准备开一家贸易公司，专门做烟土生意，如果卢筱嘉和何风林二人感兴趣的话，可以入股，之后拿分红。

本来，何风林不过是帮朋友忙，给卢家出出气，本以为自己没什么好处的，一听杜月笙如此说，立即来了兴致。赶紧凑上前去问一股要多少钱。杜月笙微微一笑，告诉他只需要两个人的名望就够了，不用拿钱。到时候，只要二人上下打点一番，让公司的货可以在江浙、上海一带畅通无阻即可。

何风林听了非常高兴，当场就答应了，卢筱嘉也觉得这个买卖不错，也替自己的老爹应了下来。

这样一来，不仅大家不是敌人，反而成了合伙人了，黄金荣自然也就该放了，不过，杜月笙就是杜月笙，他不仅考虑到了何风林和卢筱嘉的面子，还考虑到了黄金荣的面子。于是他跟二人提议说，想自己出面，请出青帮上一代"大"字辈的老先生张镜湖做个调停人，然后大家办个酒宴，握手言和，这样两方都不失面子。

卢筱嘉和何风林得了诸多好处，自然不会阻拦，当即就应了下来。就这样，黄金荣被放了出来。

由这件事可见杜月笙的手段，本来是一对敌人，却让他变成了朋友。以后有了何风林做靠山，做事自然方便了很多。

很快，黄金荣就被放出来了，不过这个跟头栽得实在太大，他想自己以后怕是没有什么威望了。而且，从这次事件中，他也发现了，杜月笙实在是个人才，不费吹灰之力就将自己救了出来，还结交下了这些手握兵权的人，以后上海滩的天下，必定是此人的。于是，到了家之后，第一件事就是找出杜月笙当初拜他为老头子的帖子，还给了杜月笙，并不无惭愧地说："月笙老弟，从此你我就以兄弟相称吧！"

杜月笙见此，自然心花怒放，不过面上还是客气了一番。之后，他才接过帖子，并说："师父，您永远都是我的师父。"

从那以后，杜月笙的地位便差不多可以比肩黄金荣了。

所有的这一切，都是在孟小冬的眼皮底下发生的。看着这风云变幻，孟鸿群着实是被吓到了。他知道，共舞台绝非久留之地，因为想要在这种地方立足，不光凭表演实力和人气，更重要的是人脉、关系。而这些恰恰是自己没有，也不想有的。于是，当孟小冬跟共舞台一年合同期满之后，孟鸿群便跟仇月祥商量，匆匆带着孟小冬离开了上海。

其实，目睹了这一番争斗后，孟小冬的心里也是不太舒服的，她感觉到了在名伶光环下，演员们的无奈与凄凉。他们可以掌控舞台，却无法掌控自己的人生。

离开了共舞台之后，孟小冬一行人先去了福建，做了一段短期的演出，然后又越海去了南洋，在菲律宾演出了几个月。

第三章 北上深造声动京城

孟小冬一行人从南洋回来后不久，共舞台的老艺人马春甫受人之邀，请孟小冬去汉口演出，约定时长为三个月，包银一共两千四百元。孟鸿群答应了这次邀约，不久，一行人前往汉口。

这时候，前面曾提到过的孙老元已经在孟小冬的身边了，他也在一行人之内。

那时的汉口非常发达，经济繁盛，是我国商业与交通的重镇。更为重要的是，如果追根溯源起来，汉口也可以算是京剧的发源地之一，京剧中生行两位大师谭鑫培、余叔岩师徒均为湖北籍。这里也确实出了很多京剧名家。因此上，当时的汉口京剧异常流行，有很多京剧戏迷。

戏迷多的地方，生意自然好做，但想要做好也有难度。因为戏迷多，自然懂戏的人就多，因此如果唱不好，就会得到观众的冷遇。汉口就是这样一个地方，这里演出机会多，但观众鉴赏能力极高。它和当时的天津一样，是最难应对的唱戏码头之一。在当时一直流传着这样的一种说法，有三个码头是最难唱的，分别是天津、汉口和上海，就是因为京剧在这些地方非常受欢迎，而这些地方相应的也有很多懂戏的人。

那个时代，最为流行、最受追捧的是谭派，当时甚至有"无腔不学谭"的说法，而孟小冬的师父仇月祥是孙派学徒，小冬自小学习的也是孙派唱腔。因此，孟小冬到了汉口能否一炮打响，当时的孟家队伍也没有太多的把握。不过，团队里有孙老元这样的琴师，压力相应会小一些。

孟小冬于农历七月到达汉口，打炮戏分别为《逍遥津》《徐策跑城》和《击鼓骂曹》。由于很久之前就已经张贴了孟小冬将来汉口的海报，所以当地的戏迷早已经翘首企盼，因此戏票卖得异常火爆。能否在汉口大火，就看演出的效果了。

结果非常好，汉口的戏迷们听完孟小冬的三天打炮戏之后，非常激动，纷纷表示孟姑娘是有实力的。不仅扮相好，而且嗓子好，当然更为重要的是，唱得好。伴随着孟小冬一起火爆的，还有孙老元的胡琴。早年间，孙老元曾经跟随余叔岩到过汉口，当时就得到了汉口观众的认可，甚至被当地人称为"全国第一琴"。如今再来，威风不减当年。

孟小冬在汉口的演出，不仅征服了听戏的戏迷，成为当地的大事件，同时震惊了许多同行。这其中有一位跟她戏路相近的同行，也是女老生名叫

左起孟小冬、姚玉兰、章遏云

姚玉兰的。

那时候，姚玉兰也在汉口演出，她听别人说孟小冬技艺了得，孙老元的琴声更是独步天下，不禁内心痒痒，想要亲自去观摩一番。没想到这一看便不可收拾。她听了孟小冬的几场戏之后，竟被深深吸引住了，最后干脆跟自己的母亲告假，暂停演出，专门去听孟小冬的戏。

两人本是同行，而且戏路相近，见过面后又很投缘，于是很快就成了好朋友。没多久，二人拜了金兰姐妹。姚玉兰年长孟小冬 4 岁，做了姐姐，孟小冬则做了妹妹。谁也想象不到，这对年轻的佳人，许多年之后，竟然都做了杜月笙的姨太太。当然，这是后话，暂且不表。

本来孟小冬约定的是在汉口演出三个月，可是由于当地的戏迷太喜欢她了，各界挽留声不断，因此三个月满之后，又续演了两个半月。这次码头，直到1923 年春天才结束。

在汉口将近半年的演出，孟小冬的技艺又得到了很大的提高。这不仅得益于每天演出的实践锻炼，还得益于孙老元的帮助。

前面曾经介绍过，孙老元 17 岁就崭露头角，前后跟过程长庚、汪桂芬、谭鑫培等人，这些人都是伶界大王级别的，孙老元跟他们合作已久，对每个人的唱腔、特点都非常熟悉。仇月祥非常看重这点，让孟小冬多向孙老元请教，而且孟小冬也是一个爱钻研的人，身边有这么一个高手，自然不会放过。而孙老元因为跟孟小冬配合得好，本身也是一个爽快之人，自然知无不言、言无不尽，将自己知道的如数教给了孟小冬。

不过，孙老元也提出了一个问题。他说："我给小冬讲谭派唱腔是没问题，不过想要真正掌握谭派唱腔的精髓，光靠我讲不够，而且，再回上海共舞台那种地方，也不会有所帮助，像我们现在这样四处跑码头，一样不行。想要在谭派唱腔上有所成就，必须要进京深造，那里才是京剧的大窝子，有的是高人。"

仇月祥听了孙老元的话，也深以为然。他们都明白，想要成为真正的高手，就必须要去高手云集的地方。如果所处的地方没有高人，即使在这里做了头头，也难免有坐井观天之弊。

孟小冬对此也是没有异议的，她本就尊重孙老元和自己的师父，对两位的意见自然听从。而且，她也想去一个高手云集的地方试试，看看自己有多少斤两，也看看别人有多大的能耐。

最后，他们决定还是先回上海，然后再做商议。回到上海之后，仇月祥和孙老元将自己的想法跟孟鸿群说了。孟鸿群还没开口，在场的孟鸿茂已经出声了，这个孟小冬的六叔听了二位的话后拍手称赞，说道："好！这个想法好！不如让我家孟小帆（孟鸿茂之子，攻武生兼文武老生）也跟你们走一趟。"孟鸿茂话音刚落，孟鸿群也开口了，说道："那里是我的老家，如今我体力早已不比从前，估计在上海也待不久了，你们先去那边，站稳脚跟后我也跟过去，落叶归根也好。"

说到这里，孟鸿茂突然想起一件事，插嘴道："等等，我听说大舞台的白老板最近也要北上，不如我去问问他，他是名角儿，有号召力，如果让他带着，把握更大些。"孟鸿茂嘴里的白老板就是著名的京剧演员白玉昆，乃是著名武生，有人甚至称他为"全才演员"，是绝对的名角儿。众人都觉得这个想法好，于是便让孟鸿茂去探听一下情况。

孟鸿茂来到了白老板的住所，请安问好之后，便问白老板是否有北上的打算。白老板跟孟鸿茂说确有此事。原来，丹桂第一台散班之后，原定的是由白老板来主持后台的工作，可是白老板考虑本来这一工作都是由麒麟童周信芳负责的，自己取而代之不太好，而且杂事太多也怕最后落得个出力不讨好的名声。正好这段时间天津有人来托请他组班去演一段时间，两下一合，便决定北上。白老板的手里已经有了些人，像小翠芬、王庆奎、张雨亭等，可是还凑不成一个班子，需要再约上几位方可。

白老板大概介绍了情况之后，便问孟鸿茂所来到底为了何事。孟鸿茂笑着说："我有个侄女小冬，之前在大世界、共舞台演戏，后来合同期满，没再续期，前一段时间去了汉口，如今回来了，想要去北方再求深造。还有就是犬子孟小帆，虽然也在共舞台挂牌表演，但不成器，我想让他投白老板门下，望您指教。"白玉昆本来就在招兵买马，正愁着无处找人呢，一听有人要来搭班，自然高兴，就说：

"六哥但请放心，我们这次是男女合班，令郎、令侄女来自然不成问题。何况他二人我早有所闻，孟小帆的戏我是看过的，唱得好，也有生气，去外面见见世面定有所获。小冬这孩子更是厉害，将来必有出息，你们孟家三代梨园，这次总算出了个金凤凰。如今正是她该到京城一展身手的时候。再说，我和五哥鸿群也是老朋友了，还有仇老先生跟着，哪里还会有错儿。你听我的消息就好！"

后来，孟鸿茂又去白玉昆那边催了两次，白玉昆的班子才搭好。1923 年冬，孟小冬和师父仇月祥、琴师孙老元以及堂弟孟小帆跟随白玉昆一行人从上海出发，一路北上。

白玉昆一行人并没有直接去北京，而是先去了济南演了很长一段时间，直到 1925 年春，才到了北方的重要港口城市——天津。

天津是当时著名的水陆码头，商贾云集，人文荟萃，在曲艺方面尤其发达。天津人热爱曲艺，也懂曲艺，所以这里是伶人最想去的地方，也是最不想去的地方。想去是因为如果在天津得到了认可，那么不管是行内地位，还是个人表演水平都算得到了公认。不想去是因为这里的观众鉴赏水平实在太高，演员极不好演。直到今天，当红的杨派京剧演员于魁智还说过："天津的观众鉴赏水平高，在这个地方唱戏不能有

白玉昆，著名京剧演员

半点闪失，台下内行太多。"他又说"杨派传人如果不经过天津观众的检验，算不得真正的杨派传人。"而且，不光是京剧，在相声界也有类似的说法，一位相声演员，如果不经过天津的观众检验，算不得真正的成功。

由此可见，在天津唱戏，是很有难度的。而且京剧界也确实流传着这样一句话："北京学艺，天津唱红，上海赚钱。"说明高手都在北京，需要在那里学习才能学到真东西，而想要得到业内承认，需要到天津接受当地观众的检验，过了关，就可以去上海赚钱了。当时上海比较繁华，消费高，机会多，人们也愿意在听戏上花费钱财。

孟小冬一行人抵达天津后，应当地老板赵广顺的邀请，在日租界的新民大戏院演出。这一次，孟小冬除了每晚的夜戏之外，也经常会演一些白天戏。孟小冬是挂头牌的领衔主演之一，

其他两个头牌是白玉昆和赵美英。当时，他们的班底较为豪华，有赵小楼、赵玉英、晚香玉、马少山等人。

孟小冬除了单演《空城计》《珠帘寨》《捉放曹》等骨子戏之外，还和青衣赵美英合演《四郎探母》《打花鼓》《坐楼杀惜》等对戏，而且很多时候她也要参加集体演出。此外，孟小冬还和赵鸿林合演了《连营寨》，在其中饰演刘备，而赵鸿林则饰演赵云。本来赵云这个角色应该是孟小冬的堂弟孟小帆来演的，可是孟小帆到了天津后不久，就离开了白玉昆的戏班，去往他处了，因此由赵鸿林来代替。

孟小冬在天津待得时间并不久，不过却得到了行内外的一致好评。天津谭派的著名票王王君直更是对小冬赞赏有加，甚至惊为奇才。王君直除了经常看孟小冬的戏之外，还常到孟小冬的住处去，跟她谈天说地，有时候则是教孟小冬些戏。

提起王君直，在当时的天津可是非常有名的。王家是天津的名门望族，清末的时候，王君直曾经担任过学部的主事、朝议大夫等职位。更为重要的是，王君直学问很大，是当时天津的诗文、书法大家，很有名气。

王君直在北京做官的时候，就已经非常喜爱京剧了，那时，他常和著名的琴师陈彦衡等参加春阳友会的活动。春阳友会是北京京剧界的著名大票房，不仅知名票友常去，而且很多著名的京剧演员也经常光临，像余叔岩、余振霆、金钟仁等著名的演员都经常去那里。王君直喜欢的是谭派老生，他不仅爱听戏，有时候也自己去演戏，而且还曾跟著名演员梅兰芳、陈德霖、王长林等配过戏。王君直嗓音纯正，唱腔质朴，尤其对谭派的精髓，掌握得极为独到。曾有传言说，有一天王君直在茶座里清唱，正好那天谭鑫培本人也在那间茶座闲坐。谭听了王君直的演唱之后，颇为震惊，亲自前往拜会，并结为知交。而且，谭鑫培后来还曾说过："学我者众，得我精髓者唯君直一人耳。"由此可见王君直的实力。

王君直虽不是专业演员，但在梨园圈内的名气，绝对不比著名演员小，而且接触的都是高手，懂得的戏也多，因此算得上是一位京剧艺术修养极高的人了。据传，当年像余叔岩、杨保忠这种大牌演员，有时候也会登门向他请教。

孟小冬初到天津，便得到了王君直的赏识，并主动为孟小冬解说唱腔，并在咬字、发音等诸多方面加以指点，可见小冬的幸运，从中也可以看出王君直老先生的古道热肠。

天津历来是演戏最难的地方，如今孟小冬在天津已经唱红了，也算是得到了业界的认可，自然名气更大。而孟小冬也即将向自己的目的地——北京——进发了。

1925 年 6 月 5 日晚，孟小冬第一次在北京城唱戏。她的打炮剧目是全本的《四郎探母》，孟小冬饰演杨四郎一角。孟小冬因为扮相好，台风漂亮，一出场，喝彩声四起，演唱的过程中，更是叫好声不断。孟小冬在北京这一炮，打响了。

凭借着一出精彩的《四郎探母》，孟小冬在北京城一炮走红，从京城梨园界脱颖而出，也算是熬出头了。到此时，孟小冬可以说是一个角儿了。而那天的那场戏，不仅孟小冬唱得好，在她的生命中，也是极重要，极有意义的一场戏。因为这出戏，让她扬名北京，并很快红遍京城。

人红之后，自然追捧不断，孟小冬出了名，自然有人愿意来请她去唱戏。当时，前门外的歌舞台，以及开明楼、广德楼等多家戏院都来邀约。同时，三庆园方面也一直盛意挽留孟小冬。一时间，忙得孟小冬晕头转向，不得不白天演一家，晚上再演一家，有时候甚至一晚上要演两家戏园。

那时北京前门一带，戏园颇多，而且诸多京剧名家基本都在这边演出。那时候，也是京剧最鼎盛的时期。

当时，正是余叔岩红得发紫的时候，而其他名角儿也都不遑多让。除了梅兰芳等四大名旦之外，还有徐碧云、朱琴心、黄桂秋、小翠花，等等，此外还有著名的须生马连良、高庆奎、杨宝森等众明星。

京剧演员的大红，说明了京剧的繁盛。在这样的环境下，想要在这个行当谋一份职位是很轻松的，但同时，想要在这个行当出头，却不大容易。众星云集的地方，一定也是竞争最激烈的地方。

事实也确实如此，当时很多外来的名角，像麒麟童、孟子和、夏月润，以及与孟小冬一起北上的白玉昆等，都铩羽而归

孟小冬在《四郎探母》里的扮相

了。唯有孟小冬留下了，而且在众星云集的北京南门，不仅留下了，还格外受欢迎。能够在这样的环境中以大轴的头牌身份出现，成为一名红角儿，足见孟小冬的实力。

当时在北京有一位著名的剧评人，叫做"燕京散人"，他对孟小冬的唱腔有过非常细致的描述和评论。他说：

"孟小冬天生一副好

嗓子，其最难得的是没有雌音，这在千千万万人里是难得一见的，在女须生地界，不敢说后无来者，但绝对是前无古人的。"

这个评价可谓是极高了。充分说明孟小冬已经被北京的戏迷们认可了，并受到了热捧。最开始的时候，孟小冬分别在开明、三庆和广德等戏园演出，剧目则多为《南阳关》《四郎探母》《武家坡》等，深受观众们喜爱，她的票房也一直都很高。

在艺术上，孟小冬从来都不是一个容易满足的人。她如今也算是功成名就了，可是她却并不满意，觉得自己还可以再上一个台阶。因此，平时没事的时候，总是爱琢磨其他派别的唱腔。而对余叔岩的唱法，孟小冬格外留意。渐渐地，孟小冬吸收别家之长，不断精进，演唱剧目上也有了改变。她逐渐放弃了海派剧目《狸猫换太子》《乌龙院》等，逐渐向京派过渡。

而且，在这一段时期内，孟小冬不仅上台演戏，还灌注了三张唱片，分别是《捉放曹》《珠帘寨》《逍遥津》，销量也都不错。

孟小冬的北京之行，成功了。

第四章　众星捧月京城一绝

事业稳固之后，孟小冬开始学习谭派唱腔，当时她找到的老师是京剧音乐家、著名琴师陈彦衡。同时，孟小冬还拜陈秀华为师，后经名票王君直介绍，又结识了言菊朋，经常与之切磋艺术。身边有这么多懂戏之人帮助，孟小冬在技艺上自然得到精进。很快，她的谭派唱腔就学得有板有眼了。

由这些可见，孟小冬的成功是有其内在原因的。她喜欢京剧，因此愿意接触更多的流派，并吸取他们的长处。更重要的是，她懂得努力。在一般人的眼中，小有成就后就应该继续享受了，可是孟小冬还在学习。一个不断在充实自己的人，必定是最后取得成功的人。这是孟小冬在事业上的追求，同时也是她在艺术上的追求。

1925 年 8 月，北京也取消了男女演员不能同台的限制。这对当时的京剧演员，尤其是孟小冬这种女演员是一个极为利好的消息。这个限制取消之后，孟小冬参加了北京第一舞台的胜达义演，在那次演出中，她和裘桂仙合演《上天台》，出场序为倒三，在他们之后的是梅兰芳和杨小楼合演的《霸王别姬》，以及余叔岩和尚小石合演的《打渔杀家》。

那次算是孟小冬第一次跟梅兰芳见面。当时的孟小冬也算有些名气，称得上是个角儿，可是在梅兰芳这种京剧大师面前，依然是个小角色。他们在后台擦肩而过的时候，孟小冬只是出于礼貌和敬仰，对梅兰芳点了下头，叫了一声梅老板。那时的小冬，是不太敢上前跟梅兰芳大方地打招呼的。而梅兰芳也不过是回了一个礼节性的微笑，其实，他并不知道这个跟自己打招呼的人到底是谁。孟小冬心里自然也明白这点。

梅兰芳饰演的虞姬

孟小冬不知道的是，自认小角色的自己，其实大名早已经传到梅兰芳的耳朵里了。梅兰芳早就知道有个叫孟小冬的坤伶唱得极好，只不过没见过面，不知道是哪一个罢了。那天，梅兰芳是在化妆间竖着耳朵，认认真真听完孟小冬的《上天台》的。

由此可见孟小冬在当时的地位和心态。她很年轻，而且是上海过来的，更为重要的是，当时流行的是谭派和余派唱腔，而她自幼学习的是孙派唱腔，在当时并没有太大的市场。因此，孟小冬一直有一种新人的心态，觉得自己跟那些著名的京剧艺术家是有很大的差距的，对那些名角儿一直都持有一种仰望的姿态。她不知道，自己早已经得到了业内人的认可，那些京剧大家们早就听说过她的大名了，而且，很多人对她还极为欣赏。

孟小冬的这种心态，或许会让人觉得有些太过谨小慎微了，但对她的事业发展却是极为有利的。不管什么时候，谦虚一点都是不会错的。谦虚会让人发现自己的不足，从而努力改进，取得更大的进步。孟小冬就是靠着这个成长的，因为一直有一种新人的心态，所以一直在努力了解和学习不同流派的艺术特色，从而使自己的戏路越来越宽。努力加上天分，孟小冬注定将成为真正的名角儿。

确实，孟小冬是一直在努力着的。她来到北京的最大目的，就是得到艺术上的发展，她是来这里深造的。随着见识的广博，孟小冬对各京剧流派的理解也更深了。经过综合，孟小冬觉得，余派艺术精细而又深刻，在唱、念、做方面尤其要求严苛，是其他流派所不能望其项背的。有了这点认识后，孟小冬便决定开始研究余派了。

她当时的梦想是能够立雪"余"门，正式拜师学艺，可是那时候机缘并不成熟，因此她只能到梨园去观摩余叔岩的演出，每次有余叔岩的戏，孟小冬都要去认真听，风雨无阻。

孟小冬的这次北京之行，绝对是成功的，不仅达到了学习的目的，更是在北京立住了脚，并扬了名。对于一个年纪轻轻的女孩子来说，这已经是非常不容易的了。

进京的时候，孟小冬只有 17 岁，虽然有了名气，但在那样一个竞争极为激烈的环境中，想要不被遗忘，就要努力，不仅要努力学习别人的长处，更是要努力去演戏。只有多演，才能积累更多的经验，也只有多演，才能够让观众更多地看到自己。

　　这时候，孟小冬的师父仇月祥已经不经常教她戏了，而是负责各种事务，就像今天的艺人经纪人一样。值得一提的是琴师孙老元。此时的孙老元已经年过花甲了，而且当时还是夏季，天气炎热，可是这位老人不但不觉得累，反而兴高采烈、精力旺盛，跟着小冬四处赶场。在没戏的时候，还经常辅导小冬，给她讲戏，可谓是老当益壮。孙老元能够有这份精力和耐心，就在于他对京剧的热爱，当然，这跟他觉得小冬是一个可造之材是分不开的。试想一下，一个人如果仅凭一份对京剧的热爱，却不上进、又没有天赋的话，一样会让老师失去兴趣和耐心。

　　由于自己的努力，加上身边有高人指导，孟小冬忙得不亦乐乎，同时也在快速成长着。

　　那一年，孟小冬非常忙，她6月份在北京初次登台，一炮打响，此后直到年底，她几乎没有中断过演出，可谓忙碌而又充实。那时孟小冬已经不怎么演海派戏目了，而是以谭派为主，其中她新学会的《南阳关》最受欢迎。

　　开明戏院在宣传孟小冬的时候，曾在广告中写道：

　　　　《南阳关》乃老谭名剧之一也，孟艺员小冬者已得个中三昧，上期在本院开演，蒙我都人士空巷出现，后至者均感向隅，本院至今犹引以为憾事。顷间屡接各界来函，烦请重演，雅意难违，本院特商之孟艺员，定于星期五晚重演一次，同时加演《雪杯圆》。

　　开明戏院不仅宣传孟小冬，对琴师孙老元也是屡次褒扬：

　　　　著名琴师孙佐臣，为人古怪，除孙菊仙、谭鑫培、陈德霖外，其他约者大半不应。今竟为孟小冬操琴，足见孟小冬之艺能有过人处。唱片公司灌收唱片非名伶不取，今竟出资数千灌收孟小冬之戏剧，足见孟小冬之腔调有绝妙处。民十以还，坤伶不甚兴也。

然孟小冬在上海、汉口、香港、福州、天津，甚至菲律宾的小吕宋（马尼拉）大受欢迎，足见孟小冬之唱打念做有不凡处。本期特聘孟小冬奏献生平杰作，以享我顾曲诸公，名剧名伶，机会难得，即请早临是幸。

还有一次说：

孙佐臣君为谭鑫培操琴若许年，凡谭氏之精华半多深印脑筋中。今孟艺员小冬得其指授，神会心领，唱打念做大有谭氏风味，因有女叫天征号，惟孟艺员于谭氏剧摹仿最称精到者，首推《托兆碰碑》，此固孙君对人言如是，不知演来究竟如何？愿顾曲诸公命驾一评，是所至盼。

眉宇间英气逼人的孟小冬

孟小冬是一个孝顺的孩子，她清楚记得，在来北京的时候，父亲曾说，如果他们能够在这边立住脚，自己也是想来的。因为北京是孟小冬的老父亲孟鸿群的根，哪一个老人不想最后落叶归根呢？于是，孟小冬便跟师父仇月祥商量，说打算把自己的父母接来北京一同住，如此便能一家团圆，老人们也有人照顾。

仇月祥听了很高兴，看着自己从小带大的徒弟这般孝顺、懂事，仇月祥非常支持。于是商议决定，由仇月祥代替孟小冬写信给还在上海的孟鸿群，告知他小冬在北京演戏的情况，并说明小冬现在已经有了养家的能力，希望二老能够来北京，一家人团聚。

孟鸿群接到信之后，感到非常欣慰。一是孩子长大了，已经有所成，而且还很孝顺；二是他也确实想回到自己长大的地方。于是，他便跟妻子商量说："我在北京出生，从小在北京长大，十多岁的时候跟着父亲、哥哥们四处跑码头，最后来到上海，一晃就是几十年。现在我身体不好，不能演戏了，经常闲在家里，倒是非常怀念故乡。正好小冬又来信了，不如我们就搬去北京吧！何况家中这些年也没什么收入，早已经没有值钱的家当了，也没什么留恋。再等几年走不动了，想回去也难成啊。"

夫人听了便道："我都听你的，是去是留你拿主意就好。"

老两口商议停当之后，便开始收拾了，家中的东西能送人的送人，不能送人的就卖掉，没几天工夫就准备得差不多了。之后，两人便踏上了去往北京的列车，跟大女儿团聚去了。

那时候，孟小冬住在北京东城的东堂子胡同里，屋子是租来的，一个老式的四合院，面积不算很大。本来只有小冬和师父仇月祥住在这里，显得空荡荡的。如今孟鸿群夫妇和孟小冬的弟弟妹妹们一搬过来，就有点挤了。不过，一家人团聚是最重要的，大家也不会觉得不方便，而且，孟小冬的弟弟妹妹们刚来北京，感觉什么都新鲜，也顾不上挤不挤的，更重要的是，这里虽然略显挤一些，但也比他们在上海的时候住得宽敞。这样，一家人就算暂时安顿下来了。

不幸的是，由于孟鸿群年事已高，再加上一路舟车劳顿，一到北京他就病倒了，打起了摆子。而且，孟鸿群以前就曾经中过风，这下更得有人照顾了。因此家中又雇了一个老妈子，负责烧饭做菜。另外，小冬又请了一个看门的男佣，协助管家，同时也帮忙照看弟弟妹妹。

这样一来，这个小院子就显得更加拥挤了，原本只有两个人住，现在猛增到了九人。而且，琴师孙老元虽然不住在孟小冬家里，但每天都要过来帮助她吊嗓子、说戏，自然也是要占用房间的，这地方就更显得狭促了。孟小冬见此情景，便托人帮忙找房子，想买一处新的居所。

托完人之后，孟小冬便去跟母亲汇报这件事了。她来到母亲身边，从腰间掏出一个丝绒小袋子来，然后取出十几张银票，一共加起来有 1 万多元，递给了母亲。并跟母亲说，这是这些年在外面演戏赚来的钱。以前都是自己带在身上，现在母亲来了，就交给母亲代为保管。老太太接过银票，语重心长地说："孩子啊，你父亲唱了一辈子戏，也没赚到过这么多钱。"看到母亲替自己高兴，小冬也很开心，接着跟母亲说："我以后还会赚更多的钱来孝敬您和爹爹的。对了，现在家里人口太多了，房子已经不大够用了，我已经托人在东四牌楼那里看了一处房子，还不错，比这里宽敞多了，我打算买下来，一家人舒舒服服过日子，也好让您二老享享清福。"

孟母听了后，问道："多少钱？"孟小冬笑笑："六千多。""这么贵！"孟母唏嘘道。"恩，开始我也觉得贵，可是后来一想，那边条件比较好，相当于咱们这里两个院子大，而且房型也好，不仅够我们住的，而且还可以练功、排戏等，仔细算算还是划算的。"小冬对母亲解释道。

　　孟母本来是觉得贵的，心里想着买个稍微小一点的也无所谓，可是话到嘴边又咽下去了。她想女儿已经 18 岁了，保不齐哪天就要成家了，买个大的房子，到时候也够住，这样女儿成家之后还可以跟自己住在一起，也有个照应，于是点点头也没再说什么。

　　一个月后，孟小冬一家连同佣人一共十来口人，浩浩荡荡住进了东四三条的 25 号和 26 号院，孟小冬住 26 号院，孟家其他人住 25 号院，两院相通。从此，孟小冬一家正式落户北京。

　　就在孟小冬搬完家后不久，家中突然来了一位不速之客——杜月笙。

　　杜月笙是帮黄金荣来办事的。

　　原来，黄金荣虽然因为追捧露兰春而栽了大跟头，但他却依然没有死心。他觉得，自己在这件事上栽了跟头，那么就只有将露兰春娶进门才能挣回点面子来。就这样，黄金荣开始跟露兰春谈起了条件，问她怎样才会嫁给自己。露兰春那边的条件是，要明媒正娶，嫁过来之后要掌家。

　　黄金荣没有迟疑就答应了露家那边的要求，不过，还有一个麻烦需要解决，那就是黄金荣的老婆桂生不同意这门亲事。最后，黄金荣一狠心，跟林桂生离了婚，娶露兰春过了门。

　　黄金荣本来以为娇妻娶过门，就算是太平了，可以好好过日子了，没想到却一直没得安生。露兰春过门之后，依然坚持唱戏，黄金荣本是不答应的，他是堂堂上海滩的大佬，自己的女人怎么可以再抛头露面呢？可是经不住露兰春软磨硬泡，黄金荣最后只得答应她。

　　露兰春本就漂亮，又是名角儿，自然追随者众多。这其中，有些人因为她是黄金荣的老婆而不敢怎样，但就有不怕惹麻烦的。这胆子大的就是富商颜料大王薛宝润的二公子薛恒。薛恒跟露兰春早就认识，也一直对露兰春有想法，可是当时黄金荣整天缠着露兰春，所以露兰春也就没怎么联系薛恒。

如今，虽然露兰春跟黄金荣结了婚，但其内心是不大满意的。一个生活不如意，一个有心追求，而且两个人都青春年少，自然就容易走到一起。事实上，他们也确实就很快就走到了一起。露兰春去演戏的时候，经常趁人不备跟薛恒在她专属的化妆间里厮混。

俗话说：好事不出门，坏事传千里。这样一个爆炸性的消息不胫而走，很快风言风语就传出来了。自然也传到了那些大佬的耳朵里。

最先知道这件事的是杜月笙，不过他城府很深，并没有张扬，而是默不作声、静观其变。后来张啸林也听到了这个消息，他是一个急性子，听了气得要死，觉得这样不仅老大没面子，自己也没面子。于是便派人去把薛恒抓了起来，扬言要杀掉他。后来杜月笙听了这件事劝张啸林不要过分冲动，如果弄出人命来，大家都不好交代。张啸林听了杜月笙的劝，于是留了薛恒一命。

渐渐地，这件事传到了黄金荣的耳朵里，不过他见小弟已经帮他教训了薛恒，而且薛露二人也不再往来，也就不再追究了，他想，只要她露兰春跟自己好好过日子，这件事就当做不知道吧。

可没想到，不久之后，露兰春趁着黄金荣出差的空档，卷了黄家的家财，逃跑了。这下黄金荣可气坏了。他派人追回了露兰春，拿回了钱财，并跟露兰春离了婚。不过，他觉得这样还不解恨，又提了条件，即露兰春从此以后不准上台演戏，也不准离开上海。他是想要让这个女人尝尝苦头。

很快，黄金荣就又有了新欢，又很快，他那新欢又成了旧爱。这时候，无聊的黄金荣突然想起了露兰春来，又想见见这个给自己带来过欢乐，也让自己丢了许多面子的女人了。于是便派人去找露兰春。可是手下找了很多地方都没有找到，于是报告黄金荣说露兰春已经不在上海滩了。这下，黄金荣真是动怒了，这个女人太不拿自己当回事儿了。他这次要找到她，并惩戒她。

经过打听，他听说露兰春可能在北京，而且听说露兰春跟孟小冬关系不错，没准儿孟知道她的下落。于是黄金荣找来了杜月笙，让他帮自己走这一趟。

对黄金荣的举动，杜月笙是很不赞成的。要知道这时候的杜月笙早已经不是黄金荣的手下了，他跟黄金荣一样，同是上海滩的大佬，甚至他的名望还要更大一些。可是杜月笙并没有表示出半点不情愿，因为犯不着为这点事闹翻了脸，于谁面子上都不好看。最后，杜月笙便跑来北京。

其实，杜月笙是知道露兰春的下落的。黄金荣跟露兰春离婚的时候，是杜月笙帮忙处理的。他觉得露兰春可怜，便给她争取些分手费，然后秘密安排她去了天津。他当然不会告诉黄金荣露兰春的所在，只是假意按照黄金荣提供的线索，直接去了北京。当时杜月笙心里还有一个念头：去北京可以见一见孟小冬了。

杜月笙带了两个得力的助手，来到北京之后，装模作样地打听了一番露兰春的下落，结果一无所获，便不再打听了。反而开始寻找孟小冬的下落。他跑了很多戏园，终于知道了孟小冬在哪里演戏。之后便去听戏了，不过他没有直接跟孟小冬见面，而是散戏之后，偷偷派人跟踪孟小冬，找到了孟家的地址，然后择日登门拜访。

见面之后，杜月笙全程没有提露兰春半个字，只是说自己来北京办事，顺便来看看老朋友，聊了些闲话。之后便返还上海了，并跟黄金荣说，没有找到露兰春。

这一次见面，于孟小冬是没有什么大感触的。不过对于杜月笙来说，却感触颇深。因为他之前虽然也喜欢孟小冬，也迷孟小冬的戏，甚至每逢孟小冬上台都会去捧场，但那时候孟小冬毕竟还是一个小孩子。而这次两人见面的时候，孟小冬俨然已经是大姑娘了，杜月笙对眼前这个亭亭玉立的美人，更加欣赏了。

二人的这次见面，算是一段小插曲。

全家安定之后，孟小冬没了杂事，自然便将所有的精力都放在了唱戏上。此时，孟小冬更加努力了。随之而来的，则是愈加的红火。

当时，女须生很多，但像孟小冬这般，天赋条件极好，唱起戏来不带半点雌音的，却绝无仅有。因此，她不仅成了名，更是成了京城的一绝，就是跟那些成名已久的男性须生相比，也是不遑多让的。正是这一点，让孟小冬迎来了一次跟大师合作的机会。这次机会给孟小冬的生命留下了许多的精彩，同时，也留下了许多的遗憾。

第三卷
梅孟之缘龙凤齐飞

第一章　初识惊鸿钗弁互易

1925 年，孟小冬 17 岁，这正是一生中最好的年纪，而在这一年，孟小冬身上却发生了很多事。这些事带给孟小冬的到底是悲苦还是欢乐，怕只有她自己知道，今天的我们是无从判断的。我们所能够确定的就是，有一件事改变了她的人生——这一年，孟小冬结识了梅兰芳。

前面曾说过，孟小冬和梅兰芳曾经有过同台的经历，不过那一次仅仅是一面之缘，二人也就是打了个招呼，彼此听了对方的戏而已。然而这一次结识，却是真正的合作，甚至摩擦出了情感。

提起梅兰芳，相信没有人没听说过他，他是中国京剧发展史上举足轻重的大师，也是中国京剧界公认的"伶界大王"。从在 20 世纪二三十年代，梅兰芳就已经把中国京剧带出了国门，并取得了不俗的成绩。他曾先后带着自己的团队，去过日本、美国和苏联，梅兰芳所到之处，均备受欢迎。看过梅兰芳的戏的人，总会过目不忘，被他的艺术魅力所熏陶，被他折服。

梅兰芳不仅在表演上登峰造极，在京剧创新上也是功勋累累的。他积极创新，改革和丰富了旧剧那种传统而又略显僵化的表演模式，让京剧这门传统艺术散发出迷人的现代光辉。这才是真正的大师，不仅在个人艺术成就上有别人达不到的境界，还能为整个行业带来新风。可以说，京剧所以能够走出国门，进入世界艺术之林，主要就是梅兰芳的功绩。同时，也正是梅兰芳的这些功绩，让京剧在国内的地位空前提高，从此被人们称为"国粹"。

可以说，梅兰芳在中国戏剧史上有着举足轻重、不可撼动的地位。

梅兰芳原名澜，又名鹤鸣，字畹华、浣华，艺名兰芳。梅兰芳祖籍江苏泰州，1894年出生于北京。由于出身京剧世家，所以梅兰芳早早就进入了京剧行当，他8岁开始学戏，10岁在北京的广和楼登台演出，1908年的时候，搭喜连成班，营利商演。1911年，北京举行了京剧演员评选活动，梅兰芳位列第三。1913年，梅兰芳赴上海演出，演出效果很是成功，一时风靡整个江南。

青年时期的梅兰芳眉目清秀

就在这个时候，一位对梅兰芳产生了重大影响的人物出现了，此人便是齐如山。齐如山是一个知识分子，而且是受过完整的旧式教育的最后一代知识分子。他名齐宗康，字如山，生于 1875 年，河北高阳人。齐如山自幼熟读经书史籍，学问渊博，而且从小喜欢戏剧。他 19 岁进入当时官办的外语学校"同文馆"学习法文和德文，历时五年。毕业后，齐如山出了国，去西欧游学，其主要的考察内容，便是欧洲的戏剧。

辛亥革命爆发后，齐如山归国，在京师大学堂和北京女子文理学校任教。由于从小接触戏剧，又在欧洲做过实地考察，所以齐如山对戏剧颇有研究。可以说，齐如山是一个戏曲理论家，他曾经也创作过不错的剧本。

齐如山非常喜欢京剧，但他对京剧的爱跟一些"糊涂者"不同。有些人爱一样事物，眼里只看到它的好，如果有人指出这样东西也有缺点，便会暴跳如雷，跟那人理论。可是齐如山不一样，他很理性。他对京剧喜爱有加，但也觉得京剧中有很多不尽人意的地方。尤其是对那些从旧式皮簧戏中吸取过来的东西，很多让齐如山感觉不适，觉得这些东西的存在，阻碍了京剧的发展。

有了这样的想法之后，齐如山便产生了改革京剧的想法。齐如山是资深戏迷，又是一个出色的文人，这样的人想要认识京剧名角儿并不难。事实上，齐如山也确实跟很多京剧名家都比较相熟。

当时，谭鑫培、田纪云等经常会组织一些活动，参与者都是京剧各路名家，当然也有很多剧评人、资深票友等。而齐如山，经常被邀请参加这类活动。通过这些机会，齐如山给当时的京剧演员们讲述了很多西洋戏剧的知识以及特点，并主张进行京剧改革，还提出了很多自己的看法。当时人们思维相对闭塞，因此京剧名家们听了齐如山的介绍，心向往之，觉得这个人很有想法，懂得许多自己没听说也从未想过的东西。因而，在伶人们中间，齐如山有很大的名气。很多人都常常去听他的演讲，觉得他讲得清新脱俗、别具一格。

说起梅兰芳和齐如山的相识，还有一段温馨的小故事，堪称梨园界的一段佳话。

戏曲理论家，齐如山

1913 年的时候，梅兰芳刚刚崭露头角，一次，他在天乐茶园演《汾河湾》，当时齐如山也在台下听戏。

当时的演出是这样的，以唱为主，动作等其他方面并不是那么被人在意。那时候，常常会有这样的情况，观众们闭着眼睛、神情投入、摇头晃脑地在那里听，很少看舞台上的表演。而演员在表演上也稍微粗略些，有些该互动的地方，根本没有什么表情，只要求唱好就可以了。

当天的梅兰芳就是这样。当薛仁贵唱到"窑门"一段时，由梅兰芳饰演的柳迎春按照师父的传统教法，面向里坐着，开始"休息"了。说得恰当点便是，此时他也跟台下的观众一样，注意力全在薛仁贵的唱上，已经有些游离于角色之外了。

对于梅兰芳这种暂时的"游离"，观众是不会在意的，且认为这就是京剧的样子，因为一直以来，演员们都是这样演的。所以在当时的京剧舞台上，经常能够看到这样的情境，台上两个演员，你唱你的，我唱我的，只要唱得好就行，完全可以没有互动。

可是，在齐如山的眼里，这么做却是不合适的，他看着不舒服，觉得这是京剧这门艺术中的一个瑕疵或说不足。

齐如山对这位比自己小很多的京剧名伶很是看重，想要跟他交好，也想要帮助他成长。可是，当时他跟梅兰芳并不相识，于是齐如山采取了当时的人们通用的做法，给梅兰芳写信。

在信中，齐如山以梅兰芳当天所演的《汾河湾》为例，阐释了自己的看法。他在信中说："假使有这样一个人，他出现在一个女人的面前，跟那女人说，自己是她失散了十八年的丈夫。而这女子不信，叫他叙述身世证明。那么，这个女子岂能在对方滔滔不绝的叙述时无动于衷，不管对方说了什么都漠不关心呢？"

同时，齐如山在信中还提出了自己的建议。他说戏里面，薛仁贵背井离乡十八年而毫无音信，突然回来了，柳迎春早已不认识他，怀疑是有人冒充自己的丈夫，来欺负自己，从而一怒跑回寒窑，并顶住寒窑不开。这时候，薛仁贵在外面叙述自己的身世，回忆当年两个人在寒窑中成亲的景象，以证明自己就是薛仁贵，同时也表达他的思念之情。但是梅兰芳当天的表演当中，柳迎春却一直背对着门外的薛仁贵，听到薛仁贵那动情的讲述，竟然丝毫没有情绪上的共鸣，完全无动于衷，身上、脸上竟然一点戏也没有，然而，当薛仁贵唱完之后，这柳迎春竟然突然发生转变，立即开门相认。这是不恰当的，不符合生活的逻辑。正确的做法应该是，在听薛仁贵唱的时候，柳迎春有一个情绪的变化和积累的过程。她经历的心理过程是这样的：先是怀疑眼前的人是冒充的，后来听他说得句句是真，开始半信半疑，当薛仁贵说了很多只有他们两个人知道的事情之后，开始相信，并感到震惊，之后就是激动和欣喜等。这里面有一个情绪的渐进过程。这样的情绪发展过程才是符合生活逻辑的，省掉这个过程会让人感觉很突兀，观众会产生不适感。而且，在信的后半部分，齐如山还列出了自己对这段戏的详细理解。他将迎春的情绪变化分成了九段，并提出每一段应该用什么样的动作来表现当时的情感。

梅兰芳《黛玉葬花》剧照

梅兰芳看了齐如山的信后，非常高兴，他觉得这封信中所写的，正是京剧中所缺的，如果按照这个方式做了，便可以将京剧提上一个档次，自然也能让自己的艺术修为提上一个档次。于是，梅兰芳便根据齐如山信中的建议，加上自己对戏中情节的理解，重新设计了那段戏的演法。

10天后，梅兰芳再次上演《汾河湾》，这一次，他改变了演法，按照齐如山的建议在戏中加入了很多表情和身段。散席后，跟梅兰芳一起演戏的谭鑫培跟别人讲："窑门一段戏的时候，我唱得有几句并不十分好，可是台下依然有很多叫好声，而且极热烈，当时还暗自纳闷是怎么回事。留神一看，原来是兰芳那孩子正在那做身段呢！"

当时，齐如山也在台下，当他看到梅兰芳竟然真的听从了自己的建议，按照自己的想法改了戏，而且效果颇好，不禁非常激动。自那以后，凡是有梅兰芳的戏，齐如山都要到场，而且看完之后便将自己的想法写下来，寄给梅兰芳。就这样前前后后齐如山一共给梅兰芳寄了 100 多封信，提了很多极有建设性的意见。可是两个人却从来都没见过面。

梅兰芳（左）齐如山（中）等人在缀玉轩中

今天我们可能有些无法理解。两个人同在一个城市，而且齐如山是每逢梅兰芳的戏必看，那么何不见上一面呢？所以会如此，跟当时的社会风气有关。那时候，虽然戏曲演员已经受到了一定的尊重，但依然没有太高的地位，很多人仍将他们视为"戏子"。而且，清末的时候很多人会光顾所谓的"相公堂子"，即一些面目姣好的男性童伶经常会充当一些类似男妓的角色，供那些纨绔子弟或浪荡公子们取乐。而且，这些人有时候还会因为一个特别漂亮的男性童伶而争风吃醋。因此，当时有很多人不愿意跟京剧演员来往，主要是怕影响了个人的名声。齐如山也是因为这一点才采用写信的方式的。而且，梅兰芳当时也不太愿意见陌生人。一个不愿见陌生人，一个怕因见演员招来闲话，索性两人就不见面，而是书信来往，双方都觉得方便。

后来，有一天梅兰芳派人给齐如山一封信，邀请他来自己的家中见面，二人才算正式结识，之后便引为至交。

那之后，齐如山经常给梅兰芳写剧本，前后一共写了差不多四十余出戏。他将自己的戏剧理念都融入到了创作的戏剧当中，给当时的京剧界带来了一股清新之风。而梅兰芳也在齐如山等人的帮助下，综合了各家的表演方式，最终创造了一种醇厚流丽的唱腔，后来形成独具一格的梅派。从那以后，梅兰芳如鱼得水，一路飙红，成了人人景仰的"伶界大王"。后来，梅兰芳带领自己的团队去日本演出，并大获成功，他在京剧界的地位更加坚实了。

孟小冬跟梅兰芳见面的时候，梅兰芳已经功成名就了。

那是1925年的8月，北京电灯公司的总办为母亲庆贺八十大寿，要举办一场盛大的堂会，邀请各路名家来唱戏。当时大轴已经定了，是梅兰芳和余叔岩合唱的《四郎探母》，而为他们配戏的则是姚玉英、龚云甫、姜妙香等一众名角儿。可谓是群星云集、众星闪耀。

然而，让人想不到的是就在开演前一周，余叔岩突然派人来通知主人家说要调戏，他因病不能演出。当时，余叔岩确实身体有恙，他那时已经换上了便血病。但是这次改戏，其实与病痛无关，主要是因为包银的问题。

《四郎探母》这出戏中，老生戏份最重，在其他地方也都是老生挂头牌的，但这次却因为演公主的是梅兰芳，所以主人家将公主挂做了头牌。结果就是老生戏份虽多，但却居于二牌，余叔岩心中不乐。而且，余叔岩对包银也不满意。主人家给梅兰芳的是两千元，给余叔岩的则是八百元，所以余叔岩才找出了这么个借口来。

其实，余叔岩的本意是想让主人家给自己提一些包银，他觉得，哪怕是提到一千也好。倒不是余叔岩贪财，而是相差太多面子上不好看。可是主人家听说余叔岩要调戏，也没多想，以为真的是因病不能演了，十分焦急地到处找名角儿顶替这个位置，可是找了一圈都没有合适的。后来有人主张不如再去求求余叔岩，多给些包银。但有人觉得这样不好，一时间七嘴八舌，也讨论不出个什么。

正在这时候，有人提议，不如找如今正红火的坤角老生孟小冬来试试。主人家请来的戏曲调度听了这个建议却不以为然，他觉得虽然孟小冬正当红，可是年纪太小，未必有真本领，怕撑不起场子。何况，是给梅兰芳配戏，找来这么一个小姑娘，怕是出不来效果。然而，主人家却并没有反对，反而说可以先找来试试看。

就这样决定由孟小冬来试戏。试戏的地点是中国银行总裁冯耿光的家里，当天他家设宴，梅孟二人在他家见面，并吊嗓试戏。

冯耿光在家排行第六，人称冯六爷，是广东人，日本士官学校毕业，民国初期的时候在北京担任中国银行的总裁。他跟梅兰芳结识很早，跟齐如山一样是梅兰芳的亲密朋友之一。在梅兰芳和孟小冬的交往当中，冯耿光也是一个重要角色。

当天，孟小冬在师父仇月祥的陪同下，很早就来到了冯府。虽然小冬跟梅大师不久之前曾同台演出，也曾打过照面，彼此听过对方的戏，这次才算是第一次正式会面。

冯总裁告知小冬之所以找她来的原因，并介绍她和梅兰芳认识。在那种场合，小冬算是晚辈，而且初出茅庐不久，名气上也没有梅兰芳响亮。更重要的是，艺术造诣上，她不如梅兰芳。因此孟小冬十分谦虚，向梅兰芳行了个礼，嘴里叫了声"梅大爷"。当时齐如山等一批"梅党"都在，听见小冬竟然如此称呼梅兰芳，不禁觉得好玩儿，没忍住发出一阵哄笑。

梅兰芳则很客气地还了一礼，说道："小冬姑娘，不要客气，以后叫我梅……"梅兰芳说到这里就停下了，因为他也不知道该让孟小冬叫自己什么好。这时，旁边的"梅党"之一张三突然接声道："就叫梅大哥吧，哈哈……"众人又是一阵欢笑。这时候冯耿光走了过来，对小冬说："今天也算认识了，以后少不了常见面，就叫梅先生吧！"之后，大家便入席了。

梅兰芳（右二）与冯耿光（左一）等人

席间，冯耿光站起致欢迎词，然后要求梅兰芳和孟小冬对对戏，简单排练一下。这是正题，自然没人反对。

这时，仇月祥站了起来，客套了几句，说小冬初学乍练，希望梅兰芳多多指点。之后人群杂七杂八说些闲话，便开始正式试戏了。

排练场设在冯家的大客厅。因为不是正式的演出，所以没有舞台，也没有观众席，只是在客厅放置了几张八仙桌，上面随意摆些水果、瓜子、盖碗茶之类的招待客人。而当天也确实没有外人，除了小冬师徒以及琴师孙老元之外，就是一众"梅党"以及冯耿光的家人。

那时候，男女同台演出才刚刚解禁，一般大的剧场依然不允许男女同台演出。所以，孟小冬虽然演了很多次的《四郎探母》，但基本都是跟女演员合演。梅兰芳就更是如此了，他是名角，去的自然都是大剧场，因此每次也都是跟男演员同台。

不过，这种情况下的合作，却让人多出了几分期待。由身为女性的孟小冬演男人，身为男性的梅兰芳演女人，相比梅兰芳和余叔岩这样两个大家的合作，观看者对孟小冬和梅兰芳能够擦出什么样的火花，反而更感兴趣。

而且，因为是临时试戏，所以孟小冬和梅兰芳都没有穿戏服，都是平时的打扮，这样就更增加了男女颠倒的意味了。当然，普通观众是没有这个眼福，也只有当天在场的人，能够感受到那一次演出的魅力了。

随着一阵小锣声敲响，孟小冬正式登场了，她一出来，就获得了碰头彩，而一开口更是叫好声不绝。当时伴奏的自然是琴师孙老元，那天他也很高兴，显得特别精神，因此拉的也很卖力，甚至已经超出"正宫"调了，琴声清亮，也博得了几个满堂彩。孙老元拉的这个调门是极高的，一般的演员都驾驭不了。孟小冬本身嗓音就好，又跟孙老元合作多年，自然不成问题，而且那天孟小冬也似有些激动，好像要跟孙老元比试似的，嗓音特别高亢，而且听不出半点雌音来。

孟小冬唱完，便是梅兰芳出场了，这时场上的琴师也换了，变成了梅兰芳的琴师，调门自然也就降了下来。梅兰芳一上场，自然叫好声不断。

珠联璧合的梅孟

接着，就是二人配戏。唱到后来的"快板"时，两个人你追我逐，孟小冬在梅大师面前竟然丝毫不落下风。反而是梅兰芳觉得调门太高，反而有点吃力。于是喊了暂停，之后对孟小冬说："小姐，请稍慢些，我们现在的情形乃是夫妻二人间家常谈心，应该语速稍缓，不宜太快，那样反而给人一种似在争吵之感，你觉得如何？"

孟小冬听了梅兰芳的话后，猛然醒悟，连忙回应道："梅先生说得有理，是小冬无知，让先生受累了！"

旁边的人见孟小冬小小年纪，第一次在梅大师面前表演就能够旁若无人，按照自己的所掌握的尺寸来唱，不禁都非常佩服。

一曲唱完，众人向负责调度的戏曲提调征询意见，问孟小冬唱得如何。提调对她自然是满意的，连夸唱得好，甚至说日后有可能会超过余叔岩。不过他也指出，在节奏上还需要再对几遍。显然，这是首肯了。

第二天，孟小冬不得不以身体不适为由向自己的老板告假几天，然后专心排练。

8月23日，正式开演，梅孟二人果然珠联璧合，当日演出大获成功。

这一次接触，不仅让孟小冬感受到了大师的魅力和对艺术的理解，也让梅兰芳及"梅党"一众人见识到了小冬的实力。从那以后，梅兰芳每次演堂会的时候，只要有《四郎探母》，便会邀请孟小冬跟自己合演。

以上，便是梅孟二人第一次会面的情形，可以说是互相欣赏，彼此看好的。虽然没有擦出情感的火花，但在彼此的心中，都是认可对方的。

而能够跟梅兰芳一众人等结识，对孟小冬技艺的提高自然也是大有好处的。到这里，可以说孟小冬已经位列京剧演员第一梯队了。

演艺地位有时候很奇怪，尤其是演员界。不仅要看观众对你的评价，还要看专家对你的评价。更为重要的是，还要看你身边都是些什么人。哪怕一个不是特别厉害的演员，只要他跟一众名角儿整天在一起，人们也会对他高看一眼。那些有实力的就自不必说了。

孟小冬现在是有观众，也有专业人士的承认和指导，更是得到了"伶界大王"梅大师的认可，而且经常合作，自然算是京城中响当当的角色了。

不过事业虽然有成，但已经长大成人的孟小冬，还没有迎来属于自己的爱情。但是这注定是不太远的事情。爱情是甜蜜的，不过在孟小冬这里，却掺杂了苦涩。

第二章　流转深情设法联姻

1926 年的 5 月 4 日。北洋政府财政总长，兼任英航总裁的王克敏过生日，办大堂会唱戏。当天，到场的都是北京城内数得上的大人物，而舞台上自然也都是当时中国最好的演员。梅兰芳、孟小冬都在被邀请之列。

本来，当晚的戏码已经敲定了，可是不知是谁突发奇想，提议让梅兰芳和孟小冬唱一出《游龙戏凤》。这出戏梅兰芳常演，不过合作搭档基本都是名家余叔岩。孟小冬虽然也曾跟师父仇月祥学过这出戏，但平时很少演。可是，谁也没想到，孟小冬在对戏不是特别熟悉的情况下，竟然答应跟大师梅兰芳对演。她的这一举动，就连师父仇月祥都替她捏了一把汗。因为对方实在是太强了。

这种意外的演出是存在风险的，但同时也让观众有更多的期待。只有从没有见过的东西，才能够勾起人们更多的好奇心。也只有人们无法预测即将上演的是不是一台好戏的时候，期待才会更高。

孟小冬没有辜负观众们的期待，演出非常成功。虽然对戏本不是特别熟悉，而且对面是著名的京剧大师，孟小冬丝毫不露怯，反而完成得自然潇洒。实在是令人钦佩。

《游龙戏凤》写的是明武宗正德皇帝微服出访，在李家客店中挑逗李凤姐的一出戏。然而，在当天的舞台上，却是乾坤颠倒的。孟小冬扮演的是正德皇帝，而美男子梅兰芳演的则是李凤姐。

戏中有一段是这样的，正德皇帝从头到脚地瞧李凤姐，之后用手指搔李凤姐的手心跟她打情骂俏。

梅孟二人演戏，自然都是按照常规出演。但在观众看来却是另一番情味。他们要看青涩年华的孟小冬如何调戏美男子梅兰芳。

当演到正德皇帝调戏李凤姐的时候，台下掌声雷动，不断有人叫好，有些甚至已经有起哄的性质了。大概在那个时代，这种情境实在是太难看到了。人们也经常看这出戏，但因为男女同台还未真正普及，所以大都是一个男人调戏另一个男人或者一个女人调戏另一个女人。这种男女颠倒，由女人调戏男人的桥段，实在是让台下的观众感到亢奋。

然而，更让人意想不到的是，"梅党"中的一些中坚分子，竟然真的入戏了。那齐如山竟然说："台上这俩真真是天生的一对，如果有人能够成人之美，将两位撮合到一起，也算是人间佳话了。冯六爷，您看呢？"其他的"梅党"一听，大受启发，都觉得这是一件好事。如果将这两个人撮合到一起，京剧舞台上岂不是真正上演了一出鸳鸯戏？台下的丈夫是台上的妻子，台上的丈夫则是台下的妻子，简直是太有趣了。

没多久，几个"梅党"中的中坚力量便开始聊起了这事儿。齐如山是主意的提出者，自然觉得好。旁边的李释戡也说："如果从经济上看，这样也是有好处的，如果两人结合，那么婚后出台合作演出生旦戏，票房肯定大卖。"冯耿光听了几个人七嘴八舌的讨论，没有插话，不过心里早已经在盘算这件事了。他也觉得，这个想法很是有趣。

齐如山等人为何要这般撮合孟小冬和梅兰芳？当然不仅仅是因为有趣，还有其他的考量。这还要从梅兰芳的家庭说起。

梅兰芳也是个苦命的人，他3岁的时候，父亲梅竹芬就去世了。那时候，梅兰芳的祖父也已经过世了，家中主事的是他的祖母陈氏。陈氏见儿子早早离去，留下一对孤儿寡母根本没办法生活，便让跟他们同住在一个院子内的大儿子，也就是梅兰芳的大伯梅雨田来照料这对母子。

然而，上天并没有可怜这户穷苦人家，梅兰芳12岁的时候，母亲也去世了。这时候，他的老祖母再一次说话，希望梅雨田夫妇能够接手供养梅兰芳。不过，梅雨田的夫人，也就是梅兰芳的伯母却提出了一个想法。她们夫妇只有两个女儿，没有儿子，她希望梅兰芳能够过继到他家。这样就可以替他们传递香火了，否则，梅兰芳传递的依然是梅竹芬这一房的香火，他们不过相当于替弟弟养了孩子。

梅兰芳的祖母陈氏想，反正都是自己的儿子，是一家人，如今梅兰芳没人照顾，给谁家传香火还不是一样呢！而且，如果梅兰芳真的过继过去，也算是跟大伯有了父子的名分，大伯家也会对这个苦命的孩子更好。于是，就答应了下来。就这样，梅兰芳正式过继给了自己的大伯。

梅兰芳的大伯是一个京胡手，虽然到不了大富大贵的程度，但也算是有固定收入，一家人的生活还是能够保障的。所以，过继之后，梅兰芳的日子也算好过了些。

因为梅雨田夫妇急于抱孙子，所以在梅兰芳16岁的时候，他们就开始张罗梅兰芳的亲事了。他们给梅兰芳找的妻子是王明华。王明华非常贤惠，也很能干，是标准的贤妻良母式的传统女性。王明华比梅兰芳大两岁，她嫁到梅家的时候，梅兰芳还没有成名，家境也不富裕。不过王明华并没有任何抱怨，反而是勤恳努力，一心操持家务。

梅兰芳和王明华感情很好，他们结婚第二年就生了个儿子，取名叫大永，隔了一年，王明华又为梅兰芳生了个女儿，叫五十。梅王二人感情和睦，一双儿女又非常乖巧，这一家四口不管在谁的眼里，都是幸福的。

王明华不仅能干，肯吃苦，还很精明，且富有见识。她不仅在生活上给梅兰芳以体贴和照顾，在事业上也给了梅兰芳很多帮助。王明华善于梳头，早期的时候，就经常帮助梅兰芳整理假发。

梅兰芳元配夫人，王明华

那时候，梅兰芳去演戏的时候，总是随身携带一个木盒，里面装的就是王明华帮他梳好的假发。这样，梅兰芳上场之前，只要拿出假发，往头上一戴就可以了。

很多人都知道这件事，也有很多人在传播这件事。结果时间久了，传言走样，人们都说王明华每次都会跟着丈夫去戏班的后台，亲自给丈夫梳头。传来传去假话成了真事，王明华后来竟然真的去戏班帮梅兰芳梳头了。至于到底是为什么会有这样的转变，没有人知道。有人猜测说，可能是传言太盛，于是王明华索性就假戏真做，顺水推舟一把，直接去帮丈夫。这种说法也有可能，不过我们不能确定。

王明华非常聪明，接触化妆不久，就学得有板有眼。最后，梅兰芳在她的帮助下，扮相更加俊美得体了，表演也蒸蒸日上，事业开始迅速崛起。

从此，不管梅兰芳外出演戏还是参加应酬活动，王明华都会陪伴左右。1919 年，梅兰芳作为中国第一位京剧艺术家去日本演出的时候，王明华也一同前去了，那一次，她还负责掌管梅兰芳演出的许多业务事项。

从日本演出回来之后，梅兰芳的名气更大了。而王明华对梅兰芳的呵护也得到了众人的褒奖和赞扬，并被坊间传为佳话。从那以后，梅兰芳几乎就不管家中的事务了，只是安心唱戏，家中的大小事情都由王明华一手操持。梅兰芳外出演戏等事务，也会征求妻子的意见，很多时候干脆也就交给她安排了。同时，王明华在化妆、饰物等方面也下了很大的功夫，追求细节，她给梅兰芳化的妆，总是很精致，很考究。

夫妻二人相互信任、形影不离，让旁人很是羡慕，在别人眼里，这是一对标准的神仙眷侣，模范夫妻。

为了长期陪伴丈夫身边，全身心支持丈夫的事业，王明华一时考虑不周，竟然在生了一双儿女之后，做了绝育手术。却不料，老天不仅没有眷顾这个优秀的女人，反而降临给她许多的灾难。就在梅兰芳事业有成，整个家庭步入幸福之后，他们两个的孩子大永和五十相继因病夭折。丧子之痛让梅兰芳备受打击。然而，处在悲痛中的梅兰芳又不得不强打起精神，安慰受伤的妻子，这是一个丈夫的责任。

不过，梅兰芳的安慰和鼓励并没有让王明华走出悲痛，她从此一蹶不振，甚至经常在半夜惊醒，之后再也无法入睡。上天对王明华似乎有些太过残忍了，就在她还没有从丧子之痛中恢复过来的时候，又患上了结核病。

这时候，梅兰芳的日子也不好过。那时，人们是极度在意香火问题的，一家如果没有儿子、无法延续香火便会被人嘲笑，而他们自己也会因此极度烦恼。梅雨田夫妇就是曾经烦恼过的，他们年轻时只有两个女儿，一直在为没有儿子而发愁、焦虑。到后来虽然过继了梅兰芳过来，但老两口在曾经的焦虑与失落中被吓破了胆。所以他们才会那么急着给梅兰芳张罗亲事，为的就是能够尽早看到第三代。

正值好年华的福芝芳

可是，偏偏天公不作美，老两口还没在孙子、孙女双全的幸福中体验够甜蜜的滋味，两个孩子就去了另一个世界。这对两位老人来说，是难以承受的。他们急于想再要一个孙子，可偏偏王明华做了绝育手术，不能再生了。于是，老人们便想要梅兰芳再娶一房，帮助梅家传递香火。

梅兰芳虽然深爱着王明华，但一样不能违背长辈的意愿。

更何况在那个时代，为了延续家族的香火而另立侧室是很正常的事情。人们不仅不会将这个视为道德问题，反而觉得这样做的男子是孝顺的。

就是在这样的条件下，梅兰芳结识了福芝芳，并将其娶回家门。福芝芳过门之后，王明华担心自己的病会传染给家人，更担心传染给梅兰芳，便自己提出离开家，去天津的医院住院治疗了。

梅兰芳和福芝芳的缘分，也是来自舞台。福芝芳是满人，早年丧父，与寡母相依为命。福芝芳的母亲很倔强，也很刚强，她硬是靠着卖手工削制的牙签，把女儿培养成人，女儿还成了北京的名角儿。

梅兰芳和第二任妻子福芝芳

后来，福芝芳与梅兰芳相识，并相爱，然后嫁入了梅家。婚后，两个人的感情也很好，福芝芳为了支持丈夫的事业，主动放弃了演戏，专门在家相夫教子。平时闲暇，便学着读书认字。梅兰芳对她也很关爱，知道她想要识字，便给她请了两个教师，教她读书。

福芝芳很努力，很快便有了很大的提高，后来已经可以很轻松地读一般的古文了。那之后，福芝芳的角色就改变了，她不再像以前一样，只待在家里相夫教子，而也像王明华那般，开始帮助丈夫打理事业。她开始经常陪伴梅兰芳看书、修改和整理剧本等，也偶尔会去后台帮助化妆，以及做些服装设计等工作。甚至，有时候如果戏班里的演员之间有了芥蒂，她还会出面帮忙说和，以前这些都是梅兰芳一个人完成的。

渐渐地，福芝芳在梅兰芳的事业中参与度越来越高了。她的这种行为，让"梅党"中的很多人不爽。王明华是一个性格较为温和的人，跟这些人还能够较好地相处，有时候大家有些意见不同的地方，王明华也能做出让步。而福芝芳则不同，她跟自己的母亲一样，很刚强，也很倔强，是一个很有性格的女人。她对那些"梅党"过多插手丈夫的事业很是不满。甚至有时候，会给这些"梅党"白眼。这让他们很不舒服。

如今，"梅党"们看到孟小冬色艺双绝，而且颇具男子气，很大方，也好相与，便想撮合她跟梅兰芳。他们觉得，如果孟小冬进了梅家的门，就可以对抗福芝芳了，而且以孟小冬的为人，如果她掌管了梅家，不仅对梅兰芳，对"梅党"们也都是有好处的，至少孟小冬极好相处。

不过话虽这么说，当时的"梅党"也并不是老早就怀着积怨要给梅兰芳再娶一房以对抗福芝芳的。最开始的时候，不过是一个玩笑，后来人们觉得这个好玩，因此常常聊上几句，结果越聊越深入，越聊越觉得孟小冬跟梅兰芳合适，也便由一种玩笑变成了一种想法了。

很多事情其实都是这样的。原本只是无心的一句玩笑，可是静下来一想，好像也有些道理，而且较为有趣，于是便开始往深处想。后来，越想越觉得可行，便开始去做了。这是人之常情，也是很多人的思维特性。不仅有些闹剧是因为这样的想法，沿着这种过程上演的。甚至很多极为有意义，对人类发展很重要的事件，也是这么开始，沿着这种路径上演的。

"梅党"当中，最为重要的有三个人，分别是齐如山、李释戡和冯耿光。齐如山和李释戡都是文人，主要帮助梅兰芳写剧本，探讨艺术方面的事情。冯耿光则负责梅兰芳事业发展事务等，他的话语权更大些。

齐如山和李释戡喜欢所谓的雅事，他们愿意看书中的情爱故事，也常常在戏剧中编制各种美丽的爱情故事。如今，生活中有这么一对璧人，结合后能够成就一段佳话，自然不会放过。而冯一开始是没有什么表示的，甚至有些反对，可经不住别人总说，又因为他跟福芝芳有些不睦，也就不再阻拦了。

关于冯耿光和福芝芳之间的矛盾，是这样的。冯是中国银行的总裁，他见梅兰芳为人老实，尤其不善理财，于是就替梅兰芳在中国银行开了个账户，并帮忙办理了"特殊储户"的手续，这样一来，梅兰芳在中国银行就可以享受最高级别的利息了。然而，这种类型的储户，虽然能够享受更多的利润，但如果想要一次性大笔取钱，也会多出一道手续，需要冯的参谋进行核准。

对于这点，福芝芳很不乐意，她有一种自己的家却被别人掌控的感觉。因此常跟梅兰芳抱怨，甚至多次要求梅兰芳将钱从中国银行取出来，存入别家。梅兰芳是一个较为随意的人，他觉得人不能忘本，因此常跟福芝芳说，如果没有冯六爷，我们也不会有今天。而且，人家也并没有要控制我们的家庭，所以随意些就好，不必太过计较。福芝芳觉得丈夫的这种行为是一种软弱，可是她也无可奈何。于是这股怨气便向其他人的身上发泄了。这也是前面说福芝芳对"梅党"过多参与梅兰芳事业而不满的一个重要原因。

福芝芳没有当着冯的面表达过抱怨，但私下里也是说过些坏话的。时间久了，自然就传到了冯耿光夫妇的耳朵里。冯听了之后非常生气，觉得被人冤枉了，冯的夫人更是气愤，觉得一片好心不仅没有得到好报，反而被人奚落很是不值。于是便劝冯以后不要再管梅家的事情。

但冯耿光觉得，梅兰芳太过忠厚，而且对理财等实在是一窍不通，如果自己放手不管他，他很可能会在外面吃亏。所以就跟夫人说，我们是为了兰芳，还是一切以大局为重的好，何必跟一个妇人一般见识。

这样，虽然没发生什么事情，但都不待见彼此。

所以，当齐如山等人总是在耳边说孟小冬和梅兰芳合适，冯耿光也便不再阻挠，同意了这一想法，并托请齐如山和李释戡做大媒。齐、李二人自然是愿意的。

至此，好像一切都已经齐备了，但是还差最重要的一环，那就是梅兰芳同意吗？"梅党"跟梅兰芳提起这件事的时候，梅兰芳是高兴的。他跟孟小冬平时接触不多，基本都是有堂会的时候一起演出。但梅兰芳对孟小冬的印象极好，她很认真，也很努力，更重要的是她有才华，有魅力。这些都是梅兰芳看重的，也是梅兰芳欣赏的。

而且，梅兰芳也梦想那样一种生活，跟一个有灵气的女子一起，台上扮着夫妻，台下是真夫妻，夫妇同唱，既有共同语言，又能够长时间待在一起。可谓是理想生活的典范。

不过，梅兰芳虽然也很喜欢孟小冬，但并没有立即答应冯耿光和齐如山他们要娶孟小冬过门。原因很简单，他是有妻室的，而且他们夫妻之间没有什么嫌隙，再说现在也不像当初娶福芝芳的时候，可以用传宗接代为借口。而且，最让他担心的是，以福芝芳那种强势的性格，她能容得下孟小冬吗？到时候，一家人如何相处？

可以说，梅兰芳想的这些都非常现实，也确实是比较棘手的问题。但"梅党"们不这么想，他们觉得这些都不是问题。

所以会有这个差别，就在于角度问题。梅兰芳是主角，之后的生活需要他自己去经历，所以他能意识到有些问题将会很棘手。而"梅党"们是旁观者，他们不过是想看一出自己喜欢的爱情故事罢了。至于这故事中的主角们到底用何种方式去生活，甚至生活得怎么样，他们是不会考虑的。

面对梅兰芳的担心，"梅党"们并不在意。最后，李释戡给梅兰芳出了个主意，让他先到外面找所房子，跟孟小冬直接成亲，来个先斩后奏。这样，即使福芝芳不满意，她也没有办法了，因为事情已经发生了。至于之后的事情，或者可能出现的状况，到时候见机行事就好了。

梅兰芳听了李释戡的话之后，点头微笑，表示同意。他觉得这个办法很好。

到这里，可以说是万事俱备只欠东风了。现在差的就是孟小冬那边是否会同意。

第三章　名定兼祧新婚燕尔

孟小冬自然是不会同意的。不是因为她不喜欢梅兰芳，事实上，"梅兰芳"三个字对孟小冬是非常具有吸引力的。确实，在那个年代，梅兰芳绝对是家喻户晓的大师。在同行的眼中，就更是如此了，因为他们懂戏，所以他们更加明白梅兰芳到底有多厉害。

孟小冬也想象过，如果能够跟伶界大王梅兰芳成亲，那确实是一件美事。可是，孟小冬担心的最大问题是，梅兰芳已经有妻室了，自己如果嫁过去，只是一个妾。这种身份，她是不能接受的，其实她更担心的是，父母不会接受自己去给人家做妾。

所以，当齐如山和李释戡来到孟家，正式跟孟小冬说起这事的时候，孟小冬没有马上答应，而是跟他们说，这种事还是需要问下父母的意见。

很快，孟鸿群夫妇就随孟小冬出来了，陪同齐如山、李释戡二人一同说话。孟鸿群是一个直爽的人，所以说话也开门见山，他直接对媒人说：

"男大当婚女大当嫁，这是人之常情。孟某在这里先谢过两位媒人的美意。对于小冬，能够嫁给梅老板是她的造化，可是老汉听闻梅老板已经有了两房夫人，如果小冬过去，如何安排呢？若要小冬做个偏房，我们孟家还是要好好商量一下的。"

言下之意非常明显，孟家对梅兰芳是认可的，但即使对方是梅兰芳，让自己的女儿去做偏房，也是不大可能的。

齐如山和李释戡早已经预料到了孟家的态度，并做好了准备。因此，孟鸿群话音刚落，齐如山就开口了：

"请孟五爷放心，梅家是不会让小冬受委屈的，畹华也会对小冬好。第一，王夫人如今病体沉重，早已经去了天津疗养，平时是不来北京的，所以实际梅家只有一房。第二，小冬嫁过去之后，并不住梅家，而是另择婚房两人分居另过，暂时不在一起生活，因此不会有矛盾。第三，畹华自幼兼祧两头，这一点孟五爷应该是知道的。因此小冬过去也是正室，并非偏房。"

孟鸿群听了之后，疑虑自然消了大半，便说："如果是这样，倒也没有什么大的问题。可是二位知道，冬儿是我的大女儿，这些年在外漂泊，挣钱养家，也极为不易，我们老两口指望着她，也觉得亏欠了她。如今她要出嫁了，我们自不能拦着，但这毕竟是一件大事，容我们再商议商议，到时候给二位回话。"齐如山说："这个自然，婚嫁乃是大事，马虎不得，五爷这么做也是人之常情。那我们就等消息吧！"之后，便和李释戡起身告辞。

在这里要插一句，所谓的兼祧两头，就是古时候有的男子肩负着两家的继承人任务。梅兰芳自幼丧父，是由大伯抚养大的，而他的大伯没有儿子。这样，梅兰芳身上就肩负着一个重任，他既要为自己的父亲传宗接代，也担负起了大伯那边传宗接代的任务。理论上说，这种情况下的人是可以有两房正妻的。一个是代表自己父亲那头，另一个则代表大伯那头。

齐如山等人所以能够想到这个名目，就在于福芝芳和梅兰芳结合的时候，福芝芳的母亲也是不太同意的，一样是不喜欢自己的女儿给别人家做小，当时"梅党"们用的就是兼祧两头的说法。

孟鸿群夫妇虽是孟小冬的父母，对女儿的婚嫁有一定的决定权，但孟小冬毕竟是拜过师，签过契约的。如今要嫁人了，自然要跟仇月祥商量一下，至少是打个招呼。

可是他们没想到，仇月祥竟然极力反对。他觉得，孟小冬刚刚崭露头角，成了一方名角儿，正是应该大展拳脚去唱戏的时候，这时候如果嫁人，以后怕就没办法上台了，太过可惜。而且，对方已经有了两房妻子，嫁过去也未必就能有好日子过。给人做小，不是那么简单的。

孟鸿群跟仇月祥解释了对方兼祧两头的说法，仇月祥听了非常不以为然，他觉得这话未必可信。

本来，孟鸿群夫妇也是有些犹疑的，一会儿觉得孟小冬嫁入梅家确实不错，一会儿又觉得有些不妥。所以跟仇月祥说这件事，不仅是打声招呼，也想征求一下他的意见，让他帮忙出个主意。可没想到，仇月祥的态度极为坚决。这反而让孟家觉得，仇月祥所以这样不是为了孟小冬的将来考虑，而是怕失了孟小冬这棵摇钱树。反而不太将他的意见看重了。

同时，孟小冬的心里也是有类似情绪的。她对嫁给梅兰芳，自然是从内心愿意的。本来，她对这个师父兼姨夫很是感恩，他虽然对自己的要求极为严格，但都是为了自己好。她明白师父的苦心，所以对师父的话也一直是听从的。但如今，师父却极力反对，不禁就让她产生了逆反心理。

不过，虽然此时孟家都同意这门亲事，但孟小冬有些顾虑，而且仇月祥又反对，所以虽然想要答应，但并没有立即行动，而是暂时拖了下来。孟小冬心里也是焦急的，可她却不好意思跟父母提出来，让他们赶紧去回对方的话。

齐如山等人看孟家没有立即答复，便开始想对策了。他们三言两语就分析出了孟家的顾虑。他们觉得，孟鸿群之所以到现在还在犹疑，不外乎两个原因。一是孟小冬跟仇月祥那边有契约在，而仇月祥是一定会反对的，这样孟家即使不愿听仇月祥的话，也不好直接驳回仇月祥的面子。而且，结婚就要解除契约，按规矩是要给仇月祥一笔费用的，这笔费用可能孟家不一定想出。第二个，就是名分问题了。孟家虽然不是什么名门望族，但三代唱戏，在梨园内也是有名有姓的，女儿要嫁给人家做小，肯定面子上过不去，即使对方是梅兰芳也一样。

知道了问题所在，就剩解决了。冯耿光主动说话，他可以帮孟家出解除契约的钱。这样一则孟家少了后顾之忧，不用拿钱出来了，二来表示了诚意，孟家会更加安心。针对第二点，他们想出的应对办法更为绝妙。齐如山等人跟梅兰芳说，不如让王明华出面，只要她表示同意，并愿意做媒的话，那么孟家自然一百个放心了。

这个点子确实是好点子。梅兰芳也同意了，虽然王明华早已经去天津养病，二人也不经常见面了，但毕竟是患难夫妻，王明华在梅兰芳心中的位置还是别人无法代替的。而且他觉得，以王明华的为人和性格，告诉她孟小冬的情况，她肯定会支持的。果然，王明华答应了。

至此，一切都解决了。齐如山再次登门，送上了3000块钱，说这是给仇老师傅解约的钱。同时他还告诉孟鸿群，梅兰芳的正室夫人王明华已经听说了这件事，并表示支持，还说要主动让出正室的位置给孟小冬。

孟鸿群听了之后，极为开心，这一下他的顾虑都解决了。不过，他毕竟是经历过风雨的人，跟齐如山提出，要孟小冬跟王明华见上一面，当面致谢。孟鸿群提出这点自然不仅仅是让孟小冬去致谢那么简单，他是想让她去王明华那里确认一下这个消息。从这个细节，可以看出这位老父亲对女儿的爱，他不想让女儿受半点委屈。

齐如山早有准备，自然不在意这个条件。不过他也说明了王明华的情况，跟孟鸿群说，见面是没问题的，但王明华在天津，且重病在身，不好远行，要小冬去天津走一趟方可。这个理由极为充分，孟鸿群自然表示理解并同意。

之后，孟鸿群将那 3000 块给了仇月祥。为了表示对仇月祥的歉意，他同时将孟小冬的妹妹也是他的小女儿，小名银子，交给了仇月祥，让他代劳，继续教授戏剧。仇月祥对孟小冬成亲一事是一直反对的，可是如今孟家都同意，他也没办法阻拦。最后只是对着孟小冬发了一通牢骚，然后带着银子去了上海。

1926 年的农历十月份，梅兰芳、孟小冬在两位大媒齐如山和李释戡的陪同下，向天津出发了。路上，梅兰芳关切地问孟小冬："你师父那边的事情解决了吗？""解决了，"孟小冬回答，"就是有些不太高兴。"

"那是自然。"梅兰芳接话，"你师父是位好园丁，能够精心培育出你这样的人才，确实不容易。看看今天，还有谁能够望你项背啊！"

孟小冬说："师父主要是怕我今后不再唱戏了，他觉得可惜。"

听到这里，齐如山插话道："人生就是这样，有得必有失。要结婚就得有所牺牲。福夫人以前在城南的游艺园唱青衣，也是头牌的。结婚之后，生儿育女，料理家务，也就不再登台了。你师父是把你当做摇钱树了，他怎么舍得你不唱戏。"

听了齐如山的话，孟小冬皱了皱眉头，沉默不语，她的心里很不痛快，好似浇了一盆冷水一样。她心想：为什么女人结了婚就不能再唱戏呢？我孟小冬能不能例外？就在孟小冬还在盘算着这些事情的时候，车子已经停下了，他们到地方了。

孟小冬他们下了车，来到了王明华所在的病房。王明华夫人刚刚从午睡中醒来，正在吃着护士帮她削好的水果。梅兰芳第一个进门，之后急步走到窗前，喊了一声："明华"。王明华听声一愣，之后猛地抬头，看见了梅兰芳，当然也看见了他背后有个年轻漂亮看起来文静优雅的姑娘，此时她一切都明白了，她仔细打量了一下眼前的姑娘，点了点头，显然是满意的。

梅兰芳见状，赶紧给王明华介绍："这就是孟小冬。"

这时候，孟小冬也上前见礼，她本想称呼对方姐姐，可是话到嘴边又觉得不好，万一对方见怪怎么办。于是，慌乱中只是说了句"你好。"王明华应了一下，之后说道："原来你就是孟小冬啊？我早就听说过你，天津这边常有人提起孟小冬的名字，还听说你是北京现在最红火的须生。畹华他们也跟我说过你。百闻不如一见，今天算是看到本尊了。我听说你跟畹华还唱过几次堂会，反响很好。谢谢你来看我。"

孟小冬赶紧接话说："都是梅先生捧我，我哪里行啊！""怎么不行？我看你行，我这样的才是真的不行了，现在肺病已经到了第三期了，没有生存的希望了。只是我不放心畹华，难以安心走啊！如果你愿意的话，我情愿让出正室的位置。将畹华交给你，我放心。"她接着问孟小冬："人总是要找个归宿的，畹华是个很好的人，值得相托，如果你们愿意的话，我愿为你们做个大媒。"说完，还没等小冬回答，就摘下了左手上的戒指，然后戴到了小冬的手上。并说："这就是你们的订婚聘礼，可惜我身体不行，不能参加你们的婚礼了！"

众人一见，不禁拍手称好，深深被这位贤惠女性的开明所打动。孟小冬内心也非常感激，同时见到如此好人竟然得此重病，也有些心酸，她本想说几句感谢的话出来，可是一时间又不知道该说些什么好。最后，只是眼带泪花地叫了声："大姐！多保重！"之后，两个人就抱在了一起。

以上就是当时梨园界常常被人们提及的话题："梅孟结合，本是意中之事，不足为奇，奇的是这场亲事的媒人不是别人，竟然是梅郎的原配夫人梅家大奶奶。"

至此，梅孟的婚事，算是扫清了一切障碍，只等最后的那一个仪式了。后来，经过了几次协商，二人定在 1927 那年春节过后的农历正月廿四日成亲。

梅兰芳和孟小冬的婚礼是在冯总裁的公馆里举行的。梅兰芳和孟小冬的观念都很新，没有那么多的封建意识。对所谓的八字、算命等更是不太在乎，所以结婚的日期、地点之类的都是他们根据喜好定的。而且，因为两个人的身份较为特殊，平时行事也较为低调，因此并没有大操大办也没有往外放消息。当天的婚礼很简单，没有吹吹打打的乐队，也没有迎亲的大花轿，只是一批平时经常来往的人前来贺喜，大家一起热闹一番。

孟小冬那天格外的漂亮，她穿着一件枣红色的旗袍，外面是獐绒的坎肩，头上则戴了一顶貂皮帽。孟小冬本来就很漂亮，那天穿着打扮又很得体，无论是从打扮上，还是从气质精神面

孟小冬：繁华锦瑟三折戏

貌上，那天的孟小冬都是无与伦比的。在她的眼里，这不仅是一个结婚仪式，更是自己幸福的开始。

梅兰芳自然也一样，天生的美男子，那天更显帅气了。当天在场的人，都不住感叹，这真是一对璧人，郎才女貌，不可多得。

就这样，孟小冬和梅兰芳正式结合了。开始了他们的新生活。

人生总是有起有伏的，要经历低谷，自然也要体验幸福。而新婚燕尔，自然就是那幸福时刻。梅兰芳和孟小冬虽然是经人撮合才在一起的，但也算是有些自由恋爱的影子在里面，在当时也算得上新潮。这样的结合，一般来说都是会有一个极为亲昵的甜蜜期，因为他们是因为彼此欣赏才走到一起的。孟小冬和梅兰芳自然也是一样。

然而，随着时间的推移，孟小冬却感到了落寞和无奈。不是丈夫对自己不体贴，实际上，梅兰芳对孟小冬是非常好的，很疼她，也很照顾她。让孟小冬感觉不适的，是她自从结婚之后，就没有再唱过戏。这跟她之前的想象不一样，她也曾偶尔冒出一些想法，追问为什么女人结婚之后就不能够再演戏的原因。不过她从来都没有跟丈夫提及过，只是内心想想罢了。在不出去演戏这一点上，她是自觉遵守的，从来没跟丈夫抱怨过。

但是，对于一个演员，尤其是因为喜爱戏剧而走上演艺道路的演员来说，不演戏是会产生不适的。

时间久了，孟小冬也曾偶尔跟梅兰芳提出，自己想偶尔上个台，透透气。不过每次都被梅兰芳否决了，理由无外乎是些男主外、女主内的传统观念。小冬无奈，只好从此息影，安心做起了梅太太。

不过此时，外面却是另一番景象。很多戏院老板都想找孟

· 110 ·

小冬演戏，可是遍寻不着，而很多戏迷也都在打听孟小冬的下落。但是，没有人知道她去了哪里。

但是，天下没有不透风的墙。慢慢地人们还是知道了消息，说孟小冬已经跟梅兰芳成亲，现在住在冯公馆里，被梅兰芳"金屋藏娇"了。随着消息越传越盛，冯耿光觉得小冬不再适合住在他那边了，因为总有人来打听。最后，"梅党"和梅兰芳一起商量，决定将孟小冬秘密迁走。不过为了平时走动方便，并没有搬到太远的地方，依然在东城区内。

孟小冬的新家很大，院墙高耸，几乎与世隔绝。怕孟小冬感到孤独，冯耿光派自己的小姨子去跟小冬作伴，同时又请了一个老妈子为他们烧菜做饭，又雇佣了一个男佣，负责看家护院。同时，梅兰芳为孟小冬购置了一台手摇留声机，同时买来了余叔岩的唱片，让小冬解闷。但同时，对外则更加保密了。

"梅党"一众，保密措施做得确实非常好。最早披露梅孟可能已经结合的消息的是天津的《北洋画报》。他们不知道从哪里得到了消息，然后就刊登到了报纸上，可是因为之前毫无预兆，很多人都不相信。而就在这时，"梅党"们登报"辟谣"，弄得这家报纸十分狼狈，时隔不久，不得不又登出一则消息，予以辟谣。

直到很久以后，消息才慢慢传开，人们也才知道，孟小冬真的跟梅兰芳在一起了。

不过，梨园中有一个人，"梅党"们并没有隐瞒，不仅如此，梅兰芳还曾带着孟小冬去那人家里登门拜访，此人就是须生泰斗余叔岩，也是余派的创始人。

余叔岩跟梅兰芳合作了多年，二人都是京剧界的泰斗人物，早已相识，也互相欣赏，是非常要好的朋友。平时，梅兰芳称呼余叔岩为三哥，而余叔岩则叫梅兰芳为兰弟。以这个称呼论，余叔岩是应该叫孟小冬弟妹的，实际上也确实是这么称呼的。

一代京剧大师，余叔岩

事实上，余叔岩第一次见到这个弟妹的时候，是有些不舒服的。原因无他，当年就是这个孟小冬顶替了自己的位置，挡了自己的财道。余叔岩这里的挡了自己的财道，指的就是在冯公馆堂会的时候，他因为想要提价而谎称有病要改戏，结果被孟小冬顶替了的那件事。其实，余叔岩真正在意的自然不会是那几两包银，而是那一次差一点让他下不来台。

但是，大师自然有大师的气魄，虽然这个小姑娘曾经差点让自己难看，但余叔岩怎会真正计较，心有不快也不过是一闪念的事情，他对小冬还是很欣赏的，何况还有梅兰芳这一层关系在，自然不会有什么不合适的举动。

梅兰芳此次拜访余叔岩的目的，是想为孟小冬聘请一位教师，上门教戏。这是孟小冬跟梅兰芳提出来的，她本身就不想彻底放弃唱戏，再加上梅兰芳给她买来的余叔岩的唱片，听得孟小冬很是兴奋，对余叔岩的艺术造诣更是佩服有加，因此便向梅兰芳请求，要拜余叔岩为师。

梅兰芳虽然不愿让孟小冬登台唱戏，但对于孟小冬学戏的想法是支持的，他觉得小冬为自己也确实付出很多，她喜欢戏，虽不能唱，多学学也是好的，至少待在家里不那么烦闷。不过，梅兰芳还是放不下面子，所以他的意思是小冬不要出去学戏，而是找来老师到家里教。

梅兰芳跟余叔岩提了自己和妻子的想法，却被余叔岩拒绝了。余叔岩的考虑有三：第一，自己身体不好，常常卧病在床，教徒弟需要花费很大的精力，恐怕支持不久。第二便是他也是一代宗师，虽然跟梅兰芳关系极好，但让自己这种身份的人去上门教戏，还是有些放不下身段的。第三则是，自己跟梅兰芳是好兄弟，如果孟小冬真正拜自己为师，而自己每天出入孟小冬那里，难免有人说闲话，这样对他和梅兰芳都不好。不过，碍于梅兰芳的情面，余叔岩最后帮他们找了一位老师，此人便是鲍吉祥先生。

至此孟小冬的一颗心终于安定了下来。她之前之所以感觉烦闷，是因为整天待在家里无事可做。现在好了有老师每天上门教课，又不会烦闷。她觉得这种生活也不错。

这段时期内，梅兰芳依然在四处演戏，不过，每晚夜戏结束之后，大多数还是会回到无量大人胡同的福夫人那里。一般都是下午一两点钟的时候，来孟小冬这边。来之后，都是先登楼午睡片刻，修养精神。等到 3 点过后，便下楼吊嗓子。梅兰芳吊嗓间断休息的时候，孟小冬也常常会吼上几嗓。不过不同的是，梅兰芳是为了晚上的演出做准备，而孟小冬不过是凑个热闹。

那段时间里，孟小冬不仅陪梅兰芳学戏，还一直尝试着学习了很多其他的东西。小冬自幼学戏，跟着师父走南闯北，从来都没有接受过系统的文化教育。以前，她并不觉得这有什么，可是接触的人多了，尤其是认识了很多名角儿、大家之后，她开始觉得，自己的身上好像少了点什么。

孟小冬发现，像梅兰芳、余叔岩、程砚秋、尚小云这些艺术家们，不仅戏唱得好，还个个能写会画，说出来的话也跟一般的凡夫俗子不一样。而且，这些人文学修养都很高，跟一些文人墨客聊天，丝毫不落下风，而自己就显得有些渺小了。不会画画，字也写得歪歪扭扭，而且谈论起文学等话题，常常露怯。

如今，戏也不唱了，人也安静下来了，每天又有大把的时间。她决定，要将这些补上。于是，孟小冬便求梅兰芳教自己些文学书画知识。梅兰芳自然是高兴的，还专门给小冬腾出了一间书房，里面文房四宝具齐，小冬没事的时候，就在书房内写写画画，也算是充实。

后来，孟小冬还曾经聘请过一位国学老师，专门教自己书法、绘画，以及文化课等。后来孟小冬能够写出一手好字，完全在于此时段打下的良好基础。

由此我们可以看出，孟小冬在新婚燕尔的时候，过的还是不错的。虽然不能够登台唱戏了，但每天都有事做。更重要的是，她现在有了爱情，这在很大程度上弥补了她因为不能登台而带来的遗憾。

或许，孟小冬那时想，自己就将这样过完一生吧。让她没想到的是，这份自认为会得到甜蜜的感情，最后给自己带来的只有无尽的伤害。

第四章　生杀之祸梅孟仳离

20 世纪 30 年代前后，在北京、天津、上海等地的茶园戏馆里，曾出现一种捧角儿的风气。这些捧角儿者构成非常复杂，上至大总统，小到老百姓都有。而被捧者自然是那些演员。

按说一个人如果喜欢某个演员，觉得这个演员艺术水准高，有造诣，出于对他的喜爱会经常去看他的戏，或者将这个演员的戏推荐给身边的人，或写一些文章给这个演员提提人气，这些都是正常的。

可是，在那个年代却出现了很多不正常的现象。比如某些捧角儿者会出于偏爱某一个演员或者某种不便告人的原因，而胡乱吹捧一些演员，有的甚至已经到了让人肉麻的地步了。更有甚者，两伙捧不同演员的人，常常还会互相攻击、谩骂。他们往往乐在其中，不仅不觉得自己的所作所为很不合适，反而觉得这是真性情的表现。

这种人，就类似今天的某些铁杆儿粉丝了，他们总是喜欢自己的偶像永远是第一，永远都是最受欢迎的。如果有哪一个人说他们的偶像有某些不足，那么他们就会不依不饶。更有甚者，仅仅是另一个人在风头上盖过了他们的偶像，也会遭到他们的攻击。

在当时，如果某个吹捧者影响力很大，是社会的名流，那么别人还会尊称他为"捧角儿家"，这个称号在捧角儿者内部算是尊称，不过在外人看来，则更像是一个吃饱了没事干的家伙。

有的捧角儿家，为了把自己喜欢的角儿捧红，不惜花费重金，甚至发动自己所有的关系。后来，很多同捧一个人的捧角儿者，慢慢互相往来，有的结成了一个集团，他们互相欣赏，没事的时候就会谈论怎么样才能让自己捧的角儿更加红火。在当时，最庞大的捧角儿集团，恐怕就是梅兰芳身边的"梅党"了。

一般来讲，捧角儿者大都为异性捧场，即男捧女，或者女捧男。当然，也有男捧男，女捧女的，不过这种不多见，一般只有像梅兰芳这种著名的大家，在舞台上魅力四射，才会有很多同性捧他。这些同性之间的捧场，大多是冲着艺术来的。

这些捧角儿者，有的行为很是奇怪。他们有的会预先在剧场包下几排座位，开戏的时候不来，只有等到自己要捧的演员快要入场的时候，才陆陆续续来到剧场。而听完自己要捧的演员的剧目之后，便马上离开，根本不听其他演员的演唱。这种行为，看似是对自己追捧的人的热爱，却会伤害其他演员的心。不过在这些捧角儿者眼里，只要帮助自己喜欢的演员添了场面，他们就高兴了。

有捧角儿，自然也有踩角儿。一般来说，没有任何关联却踩一个人的现象是很少见的。通常都是一帮人一开始捧一个演员，但后来由于某些原因，跟这个演员闹翻了，便会组团去踩他。

他们的做法通常都是这样的。也是包好一定的座位，然后按照戏园开场时间入内，在其他演员唱戏的时候，表现都很正常，可是一旦跟他们闹翻的那个演员即将出场的时候，他们便找准一个关键时刻，比如那个演员即将登场，或者刚发第一声的时候，突然呼啦一下，全站起来走了。这样，那位演员就会很尴尬，从而丢失面子。

这些捧角儿者，可谓是异类，能让你上天，也能将你狠摔在地。他们觉得你好的时候，什么都肯为你付出，觉得你不好了，则狠狠地修理你、恶心你，让你不知如何是好。

当时这种风气很盛，许多演员都曾经历过。甚至大名鼎鼎的余叔岩，都曾经被人踩过。

麒麟童周信芳年少的时候曾经到上海演戏，不想当时碰到了"小小余三胜"也就是余叔岩，之后二人打擂台。结果麒麟童被打败，从而退出天津。

1920 年的时候，余叔岩去上海演戏，演出的地方是丹桂第一台，而那时候周信芳已经是上海的大拿了，而且又是这家戏院的后台管事。余叔岩想，这下糟了，周信芳这次如果报复自己就惨了。没想到周信芳很是宅心仁厚，他不仅没有想要报复余叔岩，反而找到余叔岩说："当年你我都还年少，是小孩子，那时候的争强好胜就是玩闹，何必再去担心？这次是你第一次来到上海，我一定好好配合你，不管是什么戏，我都会尽量配合。外面的事情，也由我来替你摆平。"

余叔岩听了这话，非常感动，也放下心来。想在上海这个地方，周信芳不说是梨园之王，也是差不多的地位了，有他帮忙肯定没事。可没想到，最后还是出了乱子。

原来，当时陈彦衡也在上海。早年间，陈彦衡在北京的时候，曾经教过一段余叔岩，后来他看余叔岩一天天火了起来，就提出了两个条件。一是让余叔岩正式向他磕头拜师，这样他的地位就更高了。二是他要给余叔岩操琴，而待遇则是分成形式。这显然是有些无理的要求，因此两个条件余叔岩都没答应，他们二人自然也就闹翻了。陈彦衡则转去捧言菊朋，等到言菊朋红起来之后，陈彦衡又提出了类似的条件，结果言菊朋也没有答应。

陈彦衡这种人，称得上是梨园界的混混，虽然有些让人不齿，但其关系网确实很大，而且常年行走梨园，也有很多徒子徒孙。他听说如今余叔岩来上海唱戏了，就决定羞辱一下他。

余叔岩演戏那天，陈彦衡的徒子徒孙们包下了剧场第三排到第五排的所有座位，然后开戏就入场，正常听戏。等到余叔岩上场的时候，这些人全部起身，一哄而散，表示余叔岩的东西太烂，不忍入耳。结果弄得余叔岩哭笑不得，情绪也很坏。

虽然周信芳在上海梨园界有一定的影响和地位，但这种事情他也是阻止不了的，也只能干看着。

我们会觉得，这种行为很过分，然而还有更过分的，就发生在本书的主角孟小冬身上。据余叔岩的次女余慧清说，孟小冬曾经得罪过一个姓孙的人。后来，这个人扬言要在孟小冬去鑫鑫戏院演《洪洋洞》的时候，包下所有座位，但不去人，让孟小冬下不来台。这件事对孟小冬的打击很大。所以有一次她曾说了一句气话，如果嫁人就嫁那种跺脚乱颤，没人敢惹的人，省得受这些人的闲气。

上面的种种是剧场捧角儿。还有其他形式，便是吹嘘所捧演员有多么厉害，或者直接给一个封号。像梅兰芳便被称为"伶界大王"，孟小冬后来被人称为"冬皇"，都是此类。

可见，对于捧角儿者，演员是不大敢惹的。毕竟，演员靠的是名气吃饭，如果有人故意来捣乱，那么自己就会很难堪。更为重要的是，演员们也需要一些捧角儿者。这样能让自己的演出更加顺遂些，有人帮着宣传，也能让自己的名气更大，是好事。

当时，在众多的捧角者当中，有这样一个小角色，他叫李志刚，是北京东城某大学的学生。李志刚生于山东，在东北长大，后来又随母亲迁到了天津。中学毕业之后，考上了北京的大学，便来北京上学了。

当时的学生，闭门苦读的很多，但游玩放荡的也不少。而学生们的放荡方式，又分为两种，一种是去八大胡同那种地方，流连于妓院之间。另一种不太富裕的，就去戏园捧角儿。这李志刚不爱学习，家境又很一般，所以便常去捧角儿。每当课余，便去城南的游艺园听戏。

最开始的时候，李志刚捧的是旦角琴雪芳。天长日久，就打起了琴雪芳的主意，因此不时去后台溜达。本来，根据规定女戏班的后台是不准闲杂人等随便乱入的，可是这李志刚是个大学生，平时打扮出一副斯文形象，又对人彬彬有礼，跟戏园的人都很熟悉。而且他又是戏园的常客，因此大家也都不好意思出声阻拦。还有就是，人们也觉得，这样一个斯文的人是不会乱来的。所以，李志刚虽然常常出入后台，也没什么人管他。

不过，琴雪芳在上海的时候，就早已经名花有主了。而且，琴雪芳眼界甚高，对这种穷学生是不大看上眼的，所以李志刚虽然总是找琴雪芳聊天，但对方很少搭理他，不过是偶尔打声招呼，或者闲聊几句，面子上过得去就行。

后来，琴雪芳合同期满，便回上海去了。这李志刚一阵失落后，便开始寻找下一个捧的对象。最后，他看中了孟小冬。

一次他曾在后台看到过没上妆的孟小冬，觉得青春靓丽，比琴雪芳漂亮多了。于是便生起歹心，此后常常无事献殷勤，想要得到小冬的芳心。

李志刚发现孟小冬被师父仇月祥看管得很严，便决定先搞定仇月祥，于是没事就给仇月祥点烟、敬酒，一口一个大爷地喊，想要博取仇月祥的好感。后来，他又借着散戏后送孟小冬师徒回家的名义，常常去孟家走走。

孟家是梨园世家，吃开口饭的，对这种戏迷自然是客客气气的，不敢得罪，所以一直敷衍着他，表面上待他如客，背地里则烦得不行。可在李志刚眼里，却是另一番景象，他将孟家的客气当成了欢迎，以为小冬的家人对自己有好感，甚至已经接受了自己，因此不时想入非非。这以后，他去小冬家更勤了，在他心里，长跑跑就能跑出感情，说不准哪天孟家就会决定将孟小冬嫁给他。

不久之后，孟小冬在城南游艺园契约期满，之后转战于前门的新明剧场，而那李志刚也跟随到了那里。他紧追着小冬不放，一直在做着自己的春秋大梦，而且，时间越久，对孟小冬越是情深，深深陷入，不能自拔。

不料突然有一天，孟小冬辍演了，接下来数日，始终不见孟小冬的影子。戏园则经常布告，说原本安排的孟小冬的戏因故不能上演，不过孟小冬一定会择日上演好戏以飨听众。那时候，正是军阀混战最厉害的时期，常有飞机往北京城里投掷炸弹。李志刚以为，孟小冬害怕炸弹，所以不敢出门演戏，因此跑到了孟家，去问原因。结果连跑了几次，也没见到小冬，更是问不出什么。

一段时间之后，李志刚感觉，事情好像不妙，急得如热锅上的蚂蚁，可是他四处打探，依然没有孟小冬的消息。直到一个多月之后，他才从一个老戏迷的嘴里听说，孟小冬已经嫁给了梅兰芳，恐怕从此以后都不能登台了。

李志刚听了这消息，如五雷轰顶，他知道自己的美梦算是彻底破灭了。同时，他内心一股邪恶的火焰升起，他觉得孟小冬和梅兰芳伤害了自己，所以要去复仇。

李志刚费尽九牛二虎之力，花了差不多半年的时间，终于打听到了冯耿光和梅兰芳二人的住址。之后，便常在这两家附近徘徊，观察动静，等待复仇的时机。别人虽然经常能够看到这个年轻人在自家附近乱逛，可是看他衣冠楚楚，且一副斯文样儿，也都没太在意。

1927 年的 9 月 14 日，李志刚又来到了无量大人胡同的梅宅附近，他见梅兰芳的汽车停在那里，便去梅宅求见，结果被门房挡在了外面。不过李志刚并没有走，他一直在梅宅外面等待机会。

大概晚上七点左右，有客人来梅宅造访，那人下车之后，步入梅宅，看到门口站着一个白皙的斯文少年，便问门房这是什么人。门房回答说这是一个请求帮助的人，来梅宅好多次了，一直没让他进去。那客人笑笑，就进去了。

原来，那天晚上冯耿光要在家设宴，宾客极多，梅兰芳是当时的名人，又是冯耿光的好朋友，自然是要出席作陪的。可是就因为有人在门口不走，众人都想等他离开了再出门。而且，当时梅宅内也有好几个客人，其中冯耿光也在，正好在梅宅内喝茶聊天也算快活。后来，天快黑了，宴会也即将上演，众人就决定大家一起出去，然后将梅兰芳夹在中间，趁着天黑走掉了事。他们想，如果帮这个人也没问题，但看样子不是什么善类，梅兰芳一众是名人，怕惹出什么事端来，反倒不好看。直接说不帮打发人走更不行，那样如果有媒体吵起来，岂不是失了身份。

李志刚看到一众人走了出来上了一辆汽车走了，也没看清里面到底有谁。不过他见梅兰芳的车依然停在那里，便认定梅兰芳还在家，所以依然在那里等待。

等到梅兰芳一行人到了冯公馆之后，梅兰芳往家里打电话，问门口的人是否走了，家人回答说还没有，梅兰芳便命家人关好大门，不要去管他。

八点多的时候，梅家的司机开着空车去了冯宅，准备晚上接梅兰芳回家。李志刚看空车开出，觉得奇怪，便雇了一辆人力车，紧随其后，来到了冯宅。梅家司机看这个年轻人竟然跟着自己来了，觉得很是奇怪，就跟其他家的司机和冯公馆的老仆人说了。大家见这青年穿着干净，一副斯文模样，也没多想，便客气地问他有何事。青年则答自己叫李志刚，是山东人，有事向梅兰芳求援。

老仆人见他不像个无赖就去告诉了冯耿光。此时，冯家正有很多宾客，冯便不耐烦地跟老仆人说给他些钱让他走掉就好了，何必前来禀报。那老仆人说已经给他加到二十块了，可那人就是不走，非要见梅老板。梅兰芳有一个习惯，他从不见陌生人，所以就跟老仆人说我不去见他。

这时候，旁边的一位客人，即大陆日报的张三张汉举出声了。这人平时最是好事，他主动说要去见见那年轻人。

李志刚见前来的不是梅兰芳，便跟张三说自己要见梅老板。张三问他何事，李撒谎说自己家里跟梅家是世交，如今家道中落，正逢祖父去世，无钱安葬，要向梅兰芳求援。张三听了之后回到屋中，跟众人说了，大家纷纷解囊，最后凑齐了两百块钱。结果李说不够，张三感觉有异，便说你要多些也有，不过要带我去你家看看情况再说。

之后，张三便用自己的汽车拉着李志刚，去往李的家里。结果一路上李不断扯谎，一会说自己家在这边，一会说在那边。张三不禁起疑，就多问了几句，最后李志刚实在回答不出，张三就认定，这人或许是个骗子，便要求他下车。结果，这个年轻人突然脸色一变，从怀中掏出一把手枪，顶住张三的胸口，并命令司机开车回冯公馆去找梅兰芳。

张三的司机见主人被人挟持，哪敢出声，一路狂飙，没多久就将车开回了冯公馆。到了之后，李志刚拿出自己事先早就写好的信函，让张三的司机拿去交给梅兰芳。

那是一封很长的信，不过主题鲜明，要梅兰芳给他五万元。当时已经是半夜了，客人也走得差不多了，梅兰芳也已经回家了。剩下的，大都是冯公馆内部的人，根本没地方弄那么多钱，最后众人一起凑，也不过凑齐了五百多块。可是李志刚似乎铁了心要黑梅兰芳一笔，看到那么点钱，竟然大怒，说必须五万块，少一分都不行。

冯无奈，只好给梅兰芳打电话，告诉他大概，并要他赶紧尽量筹集些现款，派人送来。可是，梅兰芳和冯耿光通话的时候，没想到被电话局的秘密探员给窃听到了，之后告诉了密探处的朱处长。朱处长听了之后，赶紧带了十多名密探，往冯公馆赶去，同时，又打电话给其他警局，请求派人增援。

冯耿光看到朱处长，非常吃惊，一问才知道，是通过电话得知了事情，就赶过来了。冯耿光大概介绍了情况，朱处长决定亲自去会一会李志刚。朱处长换了一件普通的大褂，拿着冯家临时凑的五百元钱，便去跟李志刚讲条件了。他说如今已经是半夜了，实在无处筹钱，这些你先拿着，明天再将其他的补齐。李志刚还是不松口，非要现在就拿到现款。

就在这时，有两个正在巡逻的巡警正好经过胡同口，被李志刚远远地看见了。他以为是抓捕自己的人来了，就命令张三下车，同时用枪抵在张三背后，想要一起进到冯公馆里，去躲避一下。

当李志刚押着张三往冯公馆走到回廊的时候，朱处长瞅准了机会，突然从背后抱住了李志刚，想要将他制服。李志刚突然被人抱住，慌乱中拿着手枪朝着左右肋下各开了一枪，都打空了。朱处长害怕李志刚继续胡乱开枪打到别人，便放开了李志刚，迅速躲了起来。张三听到枪声也躲了起来，藏到了门后，可是没想到，门后有电灯，映出了张三的影子。李志刚跑过去，又将张三控制住了。然后挟持着张三躲进了一间屋子里。同时喊话，必须拿出五万块来，否则便伤害张三。

这时候，各路警局的支援人员已经到了，整条胡同都布满了军警。这些人眼见着劫匪就在屋里，但碍于他手里有人质，所以不敢动手。随后，军警们制定了策略，用钱为诱饵，跟他讨价还价，然后抓机会下手。

他们先是给了李志刚两千块，但李不收，接着增加到了三千块，依然不收，最后增加到了一万块，李志刚依然不收。

一直僵持到了第二天早上七点，冯耿光致电中国银行，又送来一万元，这时候赎金已经到了两万了。一样如前，还是由朱处长交给李志刚。在这些钱中，有两千块是大洋，李志刚要求朱处长将这些大洋换成钞票，朱处长故意表示为难。最后，李志刚思索了一下，表示接受。

于是，朱处长开始从窗户里往屋子里一沓沓地递钞票，同时，他暗示自己的手下在门窗边守候，寻找机会。他又命人鸣枪示警，想要惊吓李志刚，从而制造机会冲进去救人质。

然而，李志刚是一个非常机敏的人，他的手枪一支抵在张三的后心上，不肯移位。而且，他还让张三帮他去窗口取钱，自己则躲在张三的背后，不露面。

侦缉队的人虽然非常能干，但碰到这么精明的劫匪也是无计可施，他们不敢强攻，因为冯六爷早已经交代过，哪怕钱都被劫匪拿走也无所谓，但千万不能伤害到人质。

直到钱都送齐之后，李志刚才向外喊话，要求给他准备一辆汽车，他要逃了。外面的人遵命照办，这时候李志刚才带着张三走出了屋子，不过一直是张三在前他在后，两个人紧紧贴在一起。就这样，李志刚押着张三一直走到了大门外，警察们也没有找到合适的抓捕机会。到了汽车门前的时候，李志刚叫张三先把钞票扔进车里，张三听言，弯下腰往汽车里一钻，这时候，手枪刚好离开了张三的后心。旁边的巡警一看，这正是机会，于是赶紧往前奔。李志刚看警察们向自己奔来，知道对方有埋伏，便本着鱼死网破的想法，照着张三就是几枪。之后转身向警察们开枪，打伤了两人。

警察们见张三已经倒地，也便不再客气，一阵乱枪扫射，李志刚应声而倒。

当天下午，军警联合处将李志刚的尸首抬到了东四九条的西口，枭首示众。

再说张三，李志刚被击毙之后，立即被送到了附近的传染病医院，后来又转到了协和医院，结果医生说张三失血过多，基本无治愈可能。最后，众人将他送回本宅，在家中咽气。

这张三因为一时多事，竟落得最后身死，实在可叹，不过他也算是救了梅兰芳一命。

中国银行总裁冯耿光家发生抢劫杀人案，著名京剧演员伶界大王梅兰芳险遭杀身之祸，这样的血案自然是极吸引眼球的。很快京城一片哗然，大街小巷都讨论了起来。然而，虽然此案如此轰动，住在"金屋"中的孟小冬却全然不知。

此事一出，一时间舆论哗然，各种大报小报争相报道。当然，很多无良报纸为了吸引读者，做了许多篡改。一时间谣言满天飞，甚至有的报纸说李志刚跟孟小冬本是一对情侣，结果梅兰芳横刀夺爱，才酿此惨剧。

人们是喜欢猎奇的，报纸自然就会用奇异的方式满足他们。更让人想不到的是，还有很多落井下石的人出来，借机打击梅兰芳。这些人多半是梨园行当的从业者。所谓木秀于林风必摧之，梅兰芳名气太大了，自然遭人嫉妒，那些人平日里拿梅兰芳没办法，这次有这样一个话题肯定不会放过。因此，很快，许多报纸就由报道事件经过改为攻击梅兰芳了。弄得梅兰芳只能减少唱戏频率，有一段时间干脆躲在家里不出去了。

在各方舆论渲染下，"梅党"众人也开始了讨论。出现这样的情况是他们所没想到的。对于"梅党"一众人来说，开始时撮合梅兰芳跟孟小冬纯粹是因为好玩，他们只想着如何将这一段情事弄得浪漫些，让人看了更加美丽些，从未想过两人结合之后需要面对柴米油盐等杂事。如今，出了这样的问题，自然是他们始料未及的，也让他们很是担心。

因为"梅党"一众，除了齐如山等掌事的在梅兰芳的事业上能够给予很大帮助，还有一些混日子的闲散人员，这些人是靠梅兰芳吃饭的。如果梅兰芳倒下了，他们的好日子怕也就没有了。

因此，这些人难免会对孟小冬有怪罪的情绪，因为虽然他们知道这件事与孟小冬无关，但却是因她而起的，自然要埋怨她了。所以，孟小冬在"梅党"一众人的心中，位置也随之下落了不少。许多曾经抱着"捧孟抑福"想法的人，如今也不再出声了。更大的压力来自福芝芳那边。本来，福芝芳早已经知道了丈夫在齐如山一伙人的怂恿下娶了孟小冬，但故意装作不知。竟在梅兰芳面前不提一字，依然安心主持家政，只是心内暗自愤恨齐如山、冯耿光等人。如今，她见冯家公馆发生命案，自己的丈夫险遭别人暗算，而这一切都是因孟小冬而起，便觉得自己发力的时候到了。于是开始以此事为名目，大做文章，吵闹不休。

梅兰芳再也无法隐瞒，只好赔着笑，说尽了好话。不过，梅兰芳就是梅兰芳，他选择了一种最为有效的应对方式，对于那些谣言，不去管它，任它自生自灭，等到人们谈论厌倦了，自然也就不再提了。

当然，梅兰芳选择这种应对方式是对的，不过这可苦了孟小冬。因为想要让人们淡忘最好的方式就是唱戏的时候好好唱，其他时间老老实实待在家里，尽量不去制造话题。尤其是少去孟小冬那边，因为如果梅兰芳跟孟小冬频繁接触的话，传出去一定会让这件事持续发酵。

就这样，孟小冬跟梅兰芳结婚不到一年，便又回到了类似独居的生活。这是命运对她的捉弄，而她跟梅兰芳的感情也从此走向了低谷。

可以说，这件事给孟小冬带来的影响是巨大的，它也是孟小冬最后跟梅兰芳走向分手的导火线。

第四卷

浴火重生青山依旧

第一章　各安天涯劳燕分飞

选择了低调的梅兰芳，将精力全都投入到了事业当中。他除了平时参加一些不定期的演出之外，主要精力都放在了"访美演出"的准备上。

其实，"访美演出"这件事，梅兰芳已经筹划了好多年了，这件事的总策划、总调度是齐如山。在此之前，梅兰芳曾经两次出访日本，演出都非常成功。正是有了这两次的成功经验，让梅兰芳动了去美国访问演出的心思。然而，去美国演出要比去日本演出难多了。日本虽然也是外国，不过毕竟是亚洲国家，虽然语言不通，但文化传承上是有关联的。但美国就不一样了，不仅语言不通，文化也完全不同。

这样，去美国就需要做大量的宣传工作，同时，也需要准备大量的资金。其他不说，剧团一共有二三十人，单是这些人的旅行费就是一笔不小的数目。而这些，自然也都是齐如山在张罗。

因为要忙于备演美国，因此梅兰芳就有了借口，可以向孟小冬解释为什么不去"金屋"了。但是，孟小冬虽然见不到梅兰芳了，但她毕竟是梅兰芳的女人，一样还要恪守之前的规矩，老老实实待在家里，不出去演出。这种封闭式的生活，让孟小冬很是压抑。

之前，梅兰芳两头跑，那时虽然只能得到半个梅兰芳，但也知足了。可如今倒好，根本见不到了，有时候甚至半个月、一个月才见一次面。孟小冬已经隐隐感觉到，梅兰芳对自己的态度早已大不如前了，现在的梅兰芳再也没有了之前的热情，反而对自己有些冷淡了。

孟小冬想到这些，顿时觉得很伤感。她开始怨恨对方了，如果我孟小冬做了什么不对的事情，你可以跟我说，是我的错我可以改。但你为什么这样，不温不火地晾着我，让我整天待在这高墙之内，不见一个人影。你不担负一个丈夫的责任，我反倒要老老实实去尽一个妻子的义务。这都是什么年代了？还要我过如此的生活？越想越气，越气越伤心，孟小冬开始对梅兰芳失望了。

然而，真正让孟小冬难以忍受的，还是接下来的一件事。

1928 年春节后不久，孟小冬突然收到了一份报纸，那是家人转给她的一份《北洋画报》，报纸上登了一则消息：

> 梅兰芳此次来津出演，仍寓利顺德饭店。但挈其妾福芝芳同行，则系初次。福已截发。

意思是，梅兰芳又到天津演出了，不过这次是带着妻子福芝芳一起去的，而且这是梅兰芳第一次携带福芝芳外出演出。

孟小冬看了这则消息之后，感觉非常委屈。在她看来，梅兰芳这么做是针对她的。福芝芳嫁给梅兰芳很多年了，可是以前梅外出演戏的时候从来没有带过她一起去，那时候，福芝芳还年轻，也是当红的京剧演员。可现在，福芝芳已经有了三个孩子了，而且主持着梅家的日常事务。何以当时应该带的时候不带，反而现在带她出去了？

这一次，孟小冬真的被伤到了。她觉得，他们太欺负人了。因此越想越气，一向倔强的孟小冬流下了泪水。

伤心的孟小冬决定，先回娘家待一段时间。

对于女儿突然归家，孟鸿群夫妇是非常开心的。小冬是他们的心头肉，可是自从结婚之后，就很少回来看他们。这次回来了，他们二人自然开心。可是，后来老两口见小冬一直闷闷不乐，便猜想一定是那张报纸上的内容让女儿伤心了。想到这里，老两口不禁也对这个女婿产生了一点看法，觉得他有些过分了。

尤其是孟鸿群，这天他跟小冬说："前几天王毓楼过来时谈起，他姐王明华在天津病重，可梅却带着福二到天津游逛，竟然连医院都没去。算是够无情的了。他还说，以前他姐姐没有生病的时候，也常常受他们的气，王氏梅剧团唱武生的，脾气不好，有一次他看不惯，一怒之下拿起桌子上的茶壶就向梅兰芳砸去，没想梅躲得快让开了，结果打到了姚玉芙的身上，都流血了。"

小冬听了，接话道："我现在真不知道怎么办才好了。"

孟鸿群说："有什么不好办的，他能去天津唱戏，你就不能吗？"

孟小冬得了父命，而且母亲也支持，就决定按照二老的意见，去天津演一场。不过孟小冬也有担心，她已经快两年没有登台了，虽然中间鲍吉祥先生曾经教过她一段时间，可是后来也停了。这么久没上台，心里不免有些打鼓。孟鸿群知道小冬的担心，就让她暂时住在家里，每天用心排练。同时，孟鸿群也开始找人去天津联系演出。

最后，孟家又找到了雪艳琴，雪艳琴本名叫做黄咏霓，是回族人，出生在北京。她是当年最负盛名的一位女性旦角，素有"坤旦领袖"之称。雪艳琴跟小冬年纪相仿，脾气秉性都好。她以前经常跟孟小冬合作，私下里也是以姐妹相称的，很是要好。本来，她对小冬是有气的，因为孟小冬结婚的时候太过低调了，连她这个好朋友也没告诉，让她心里不快。不过这次孟小冬亲自登门央求，也算是给足面子了，加上她本来就是一个脾气很好的人，气也不是真气，便答应跟小冬一起去天津演出。

天津戏园方面，听说两年没上台的孟小冬要复出，而且主动来天津演，自然是欢喜异常的，这是他们想都想不到的事情。尤其是当时主办《天津商报》"游艺场"的沙大风，更是竭力宣传，对孟小冬大捧特捧。他甚至在自己主办的报纸上专门开了一个栏目，叫做"孟话"，专门介绍孟小冬。在那段日子里，那个栏目的内容一直很精彩，诗文不断。更让人想不到的是，沙大风竟然在栏目中称小冬为皇，提起她便用"吾皇万岁"。

这样一来，孟小冬的此次天津之行，可谓是未演先热了。天津人对孟小冬并不陌生，她就是在那里真正打响名号的，天津的观众也一直都很惦念她。可以说，在天津，孟小冬很有号召力的。以前的观众积累，再加上沙大风等人的宣传，自然是让孟小冬火上加火。因此她登台的时候，声势极盛。

那一次，孟小冬是在天津的春和戏院演戏，她演的那几场，场场爆满。孟小冬和雪艳琴前三天的打炮戏都很精彩。第一晚，孟小冬和雪艳琴合演《四郎探母》。第二晚，孟小冬压轴演《捉放宿店》，雪艳琴则大轴演《虹霓关》。第三晚，则是雪艳琴压轴演《贵妃醉酒》，孟小冬大轴演《失空斩》。孟小冬和雪艳琴这一对姐妹，并挂头牌，且互相谦让，不分谁大牌、谁小牌，互演大轴，可见二人关系确实很好，也看出两个人都是不那么在意名利的。

　　孟小冬演出结束之后，又在天津小住了几天。这期间，自然要接触不少的人，而当有人问起她跟梅兰芳的关系时，小冬总是不做回应。可以说，直到这个时候，孟小冬和梅兰芳的婚姻关系，依然没有正式向外公布。不过，这个消息早已经是当时公开的秘密了。差的只是没有从当事人的口中得到一个确认罢了。

　　孟小冬自行离开梅兰芳为她准备的"金屋"，且去天津风风火火演了十来天的戏，在天津取得了轰动效应，而且演完戏之后，又在天津玩了几天。回到北京之后，她也没有先回"金屋"，而是直接回了娘家。这种行为，无疑是对梅兰芳所作所为的一种示威和抗议。

　　梅兰芳怎么也没想到，自己带着妻子去天津的举动会被小报报道出来，并刺痛了孟小冬的心。当然，他更想不到的是，孟小冬竟然有这么大的反应，用这种几乎是针锋相对的做法来回应自己。

　　孟小冬的做法让梅兰芳很是尴尬，也很生气。他自此才看到，这个娇小的女人，实际身体里蕴藏着巨大的能量，也体会到了小冬的厉害。最后，梅兰芳没办法，只好前去孟家，接孟小冬回来，结果在孟家的时候，还被孟五爷语中带刺地揶揄了一番。这一次，梅兰芳算是体会到了夹板气的滋味。

　　其实，梅兰芳带着福芝芳去天津是为了给孟小冬看，根本就是孟小冬自己的想法。她是因为长时间受冷落，内心变得敏感了。

前面说过，福芝芳早就听说齐如山他们撺掇梅兰芳再娶一房妻子。对这件事，她是有气的。首先，她跟梅兰芳成亲的时候，得到的也是兼祧两房的承诺，但实际上，她却是二房。虽然王明华身体不好，早已经搬出了梅家，而她也早已经成了梅家的事实掌门人。但对于这个名分的认定，还是心有不满的。更为重要的是，福芝芳是一个很强势的女人，她出身穷苦，跟母亲相依为命，练就了坚韧、刚强的性格。因此，她是不满意跟人分享丈夫的。

可是她知道，虽然在家里她是女主人，但在外面的时候，更多的还是要听那一众"梅党"的话的。她对那帮人本就不满，但一直还没有实力去跟他们争，所以也只能忍。

福芝芳等待的就是一个机会。如今，出了人命了，福芝芳自然就觉得机会来了。于是，她便像前面提到那般，开始对梅兰芳发难。梅兰芳本就理亏，如今又因为李志刚一事弄得满城风雨，自然就更没办法还嘴，所以在气势上就矮了一头。更为重要的是，福芝芳当时怀有身孕。梅兰芳自幼丧父，心想如果这次不是李志刚误杀了张三，要是自己真出了点事情，怎么对得起自己的这些孩子，尤其是没出生的这个。难道也要他向自己一样，从小就孤苦无依吗？

所有这些加起来，让梅兰芳很是惭愧，他觉得自己似乎欠福芝芳太多了。于是去天津的时候就带她一起去了，算是一种补偿。

结果没想到，孟小冬竟然会有那么大的反应。

所以会有这样的情况出现，归根结底还在于当时的社会形态。那时候男人三妻四妾虽然不会被社会诟病，但是女性们已经开始觉醒了。尤其是像福芝芳、孟小冬这样的女人，自小跟外界接触，性格自然更为强势一些。她们虽然不在意跟别人分享丈夫，但心底终归是会有些怨念的。所以彼此吃醋也很正常。这里面，不存在谁对谁错的问题，归根结底还是因为感情是一条单行道，可梅兰芳偏偏选择了多行。

梅兰芳为了弥补孟小冬，也算是对自己之前带福芝芳去玩没带孟小冬做个补偿，在年末的时候，趁着去广州、香港演出的机会，背着福芝芳暗中带着孟小冬随剧团一同前往。

这一次，他们在外面待的时间比较久，一直到第二年的2月中旬才返回北京，此次不仅游历了广州和香港，中间还在上海待了一段时间。这次的旅行，让孟小冬非常愉快。

我们也能看出，孟小冬是爱梅兰芳的，而且她的要求并不高，不让她唱戏也可以，只要丈夫陪在身边就好。

那次剧团一共有三四十人，这么大的队伍，自然是瞒不住什么秘密的。所以，从那次回京之后，梅孟之间的关系也便公开了。

从香港回来之后，梅兰芳和孟小冬的关系也得到了改善，由于二人关系已经公开，所以梅兰芳专门为孟小冬准备的"金屋"也便不再对外保密了。甚至，梅兰芳赴美国演出之前的许多重要准备工作都是在这里完成的。

然而，这年的夏天，梅兰芳和孟小冬之间竟又闹了矛盾，而且还吵了一架。这一次，孟小冬采取的依然是老办法，也是很多女人都会用的办法——回娘家。不过，让她没想到的是，这一次梅兰芳不仅没有去接她，反而带着福芝芳去北戴河游玩去了。

很多报纸都登载了梅兰芳携夫人福芝芳去北戴河避暑的消息，而且有些报纸还登载了梅兰芳和福芝芳的泳装照，以及二人一起骑驴旅行等照片。

孟小冬看了这些消息之后，内心五味杂陈，一时难以平静，她无法接受这一事实，也第一次尝到了给人做"妾"的滋味。可是，这又能怪谁呢？所有的苦果都是自己选择的，也只能由自己来承担。

这一次，孟小冬似乎真正明白了自己在梅兰芳心中的位置，也似乎懂得了，自己之前以为得到了半个梅兰芳也不过是一厢情愿罢了，其实并没有那么多。而且，如果继续这样下去，说不定哪一天自己要彻底失去这个男人。这时候，她对当初"梅党"们承诺的所谓两头大也开始怀疑了。一向骄傲而又自信的孟小冬，在面对感情问题的时候，彻底没有了主意，她不知道怎么办才好了，心情也开始变得越来越糟。

其实，此时的梅兰芳心中也不轻松。他这次和孟小冬发生口角，是因为赴美演出的名单问题。梅兰芳的这次出国演出，是以精简为原则的，为的就是节约开支。因此剧组中很多人都是身兼数职的。

当然，如果梅兰芳提出自己要带夫人一起去，别人应该也不会阻拦。不过到底该带哪个夫人出去就成了难题了。本来，梅兰芳是打算带着福芝芳一起的，原因是年初的时候已经带着孟小冬去过香港了，这次轮到福芝芳。当然，这不仅是梅兰芳的想法，也是福芝芳一直争取的结果。但孟小冬不同意，而且她也有一个非常过硬的理由。此时福芝芳正怀着孕，而此次去美国不仅路途遥远而且时间漫长，再加上在异国他乡，不仅孕妇自己不方便，出了问题别人还要照顾她，反而影响整个演出。

　　梅兰芳听了小冬的话，觉得很有道理，便劝福芝芳不要去。福芝芳自己也知道在这个时候远涉重洋确实不合适，不仅对自己无益，也容易招人闲话，更重要的是，也可能会给剧组带来很多麻烦。

　　福芝芳是一个极为刚强的女子，她考虑再三，最后竟然做了一个决定，自己可以牺牲肚里的孩子，也要同去。一是为了表明自己此行必须要去，二是别人再也没了阻止自己的借口了。

　　然而，虽然福芝芳说自己不惜堕胎，不过最后还是没去成。因为当时同去的还有梅兰芳的两个亲戚，凤二爷和姜六爷，他们觉得此行本来资金就有些不足，如果梅再带上夫人，就更是捉襟见肘了。而且也不方便，于是就跟梅兰芳提出了自己的意见，虽然没有直接反对，只是陈述了携带夫人前往的利弊，但态度已经很明朗了。而且，梅兰芳自己也发愁，他觉得如果只带福芝芳去，自己也确实没法儿跟孟小冬交代。

　　最后，梅兰芳索性听从了同行人的意见，干脆两个都不带去了。孟小冬要跟着去美国，当然有跟福芝芳较劲儿的成分，不过更多地还是想去见识一下，也想帮帮剧组的忙。见到不能去了，难免心有不甘，因此有撒娇使气之举。梅兰芳此时正忙得焦头烂额，自然没有好态度，于是两人不断发生口角。孟小冬一气回了娘家，梅兰芳也赌

梅兰芳赴美演出

气，索性带了福芝芳去了北戴河。

经过了长达六七年的准备，梅兰芳的美国之行终于实现了。1929 年 12 月，梅兰芳一行人从北京启程转道上海，之后去美国。他们离开北京的时候，北京车站万人相送，场面好不壮观。

这一次，梅兰芳在美国一共演出了 72 场，几乎场场爆满，访问演出获得了巨大成功。更让人想不到的是，梅兰芳还获得了美国南加利福尼亚大学和洛杉矶波莫纳学院授予的"文学博士"学位。

梅兰芳离开美国回到国内的时候，上海各界名流 500 余人都去码头迎接。其中有戏剧界的周信芳、林树森，诗人徐志摩等。

梅兰芳一行人因为离家日久，归心似箭，因此在上海只停留了几天，便乘船北上了。

没想到，梅兰芳刚下船就接到了其伯母逝世的噩耗。梅兰芳是个孝子，虽然自己非伯母亲生，但却是伯母养大的，而且自己也已经过继给了伯母，早已经有了母子的名分。在梅兰芳心中，伯母跟亲生母亲已没什么差别了，所以急急奔回了北京。而齐如山则被留下来应对各种记者。

梅兰芳本就名声在外，此次出访美国又大获成功，自然名气更加响亮。如今他家里出了事，"梅党"自不必说，其他梅门弟子以及各路梨园名角也差不多都来吊唁了。

孟小冬很早就得到了消息。她知道梅兰芳的伯母去世了，也知道梅兰芳已经回来。她在家等了整整一天，结果梅兰芳没有来，也没派人带消息让她去吊唁。最后，孟小冬待不住了，别人尚且去慰问吊唁，身为梅兰芳的妻子却不去，成何体统，而更为重要的是，她想知道，自己在梅家到底是个什么角色。

于是，孟小冬头上插了一朵白花，主动来到了梅宅，要为婆母披麻戴孝。可是没想到，她刚要进门，便被三四个下人拦住了。

孟小冬问下人为什么要拦她，下人说这是夫人吩咐的，之后让孟小冬回去。孟小冬自然很生气，也很不甘心，她愤怒，她想发火，可都忍住了，她知道这里不是闹事的地方，今天的日子也不是闹事的日子。于是她忍住怒火，要求下人找梅兰芳出来说话。没想到下人跟她说梅兰芳这几天哀伤过度，正在休息，不见客。

这下，孟小冬再也忍不住了，于是也不管那么多，便直接要往里冲，没想到下人又来拦她，结果两边就吵嚷了起来。这时候，正巧王少卿、杨宝忠等人来梅宅吊唁。他们几个见门口围着许多人，还吵吵嚷嚷的，便上前去看怎么回事。了解了事情原委之后，杨宝忠便稳住了孟小冬，跟她说："你先别闹，我去请梅大爷出来，之后再做理论。"

不一会儿，梅兰芳和齐如山等人便慌忙赶来了。梅兰芳见到孟小冬，非常尴尬，吞吞吐吐地说："小冬，你先回去吧，三两天我就忙完了，到时候去看你，这里的事就不用你跟着操心了。"孟小冬听了梅兰芳的话，极为生气，回道："你这是什么话？不说我们的关系，就是一个平常的朋友，进去为老夫人磕个头也不会有人阻拦吧？为什么我就不行，你到底把我当什么人了？"

梅兰芳本就尴尬，被小冬这么一问，更是不知如何回答，站在那里一时不知如何是好。这时候，孟小冬又问站在梅兰芳旁边的齐如山："齐先生，当初您不是跟我说'两头大'吗？怎么我今天连进去磕个头都不行？"齐如山支吾了半天，也说不出什么来。这时候，旁边的杨宝忠已经看出究竟来了，他将梅兰芳拉到一旁，小声说："要不我去二奶奶那里求个情，就让小冬进去磕个头吧！这么僵着也不是个事儿。"

梅兰芳经杨宝忠提醒，才反应过来，赶紧说："还是我去吧！"便走进了内院。此时，福芝芳已经快要生产了，正挺着大肚子，穿着孝服，在灵堂前恭迎客人呢。梅兰芳走到她的身边，说："你也劳累了一天了，进去歇歇吧，这里我来。"福芝芳回话说："我还好，不累，你去忙你的吧，不用管我。"梅兰芳见劝不走她，只好硬着头皮说："小冬就在外面，不如就让她进来磕个头吧！"福芝芳听到这里，立即站了起来，厉声说："不行！"之后用带有挑衅的目光盯着丈夫。梅兰芳一看这架势就知道，是劝不了她了，而她如今有孕在身，又不想太过刺激她，于是叹了口气，离开了。

出门后，梅兰芳突然想起孟小冬的舅父，也就是张桂芬，此时他正在府内帮忙操办丧事，便将之找了来，让他帮忙去劝说小冬，自己则躲了起来。

最后，在舅父的劝说之下，孟小冬万般无奈，含着眼泪离开了，一路狂奔回了娘家。这次遭遇，让孟小冬很受打击，本来，她也明白自己相当于"妾"的地位，可是毕竟还是有"两头大"等说法，虽然没有福芝芳地位高，但至少也是一个精神安慰，但这一次所有的希望都破灭了。如今，自己在梅家地位不明，又在大庭广众之下受那般羞辱，以后真是没脸见人了。从此心情忧郁闷闷不乐，不久大病了一场。

当时，孟家的邻居是一户满清的皇族贵戚，跟小冬家关系很好，那家的夫人还认了小冬做干女儿。这次听说小冬病了便来看望。夫人见小冬容颜憔悴，茶饭不思，就建议她去天津就医。并说自己的一个詹姓亲戚在天津的英租界居住，家境颇好，住房宽敞，小冬可以暂住那里。

　　孟小冬接受了义母的建议，于 1930 年的 8 月去了天津，并开始接受中医的调理。詹家的女主人是一个虔诚的佛教徒，因此家中设有佛龛，每日香火不断，还经常打坐念佛，秉持修行。

　　孟小冬经过了这一系列的变故之后，心早已经累了，觉得这家女主人的生活方式非常好。也学着她，经常跟着静坐念佛，想让心静下来。因此在天津的那段时间，孟小冬从未出过门，整天就是在詹家跟着女主人打坐学佛。

　　再说梅兰芳，他忙完母亲的丧事之后，也没有休息，赶紧来到了孟家，看望小冬。可没想到却扑了个空。这时候，孟鸿群老先生因为常年患病，又加上年事已高，行动有些不便，早已经久卧在床了。虽然孟小冬不在家，梅兰芳也是一定要去看看岳父的。结果却碰了个大钉子。

　　孟老爷子本是武行出身，脾气大，爱发火。他早已听说了小冬奔丧被辱的事情，自然是非常生气的。因此，对着梅兰芳就是一顿数落：

　　"你是大红人，如今去了美国，更红了！不过你也不要得意忘形，我们家小冬哪一点配不上你。可是嫁过去之后不仅一年中有半年多独守空房，还三番五次受辱，简直欺人太甚。我告诉你，如果小冬真有个三长两短，我赔上这条老命，也要跟你来个鱼死网破。"

　　说完，便将梅兰芳拿来的礼物扔到了地上。梅兰芳见状，羞愧难当，同时也想起了自己内心的委屈，不禁也失声痛哭，对孟老爷子说："五爷，您误会了！我是真心爱着小冬的，一定会对她好。她是不会有什么事的，也希望您老保重。"

　　这时候，孟小冬的弟弟以及弟媳赶紧过来劝解孟老爷子，并让梅兰芳早点离开，免得老爷子再次动怒。当小冬弟弟送姐夫离开的时候，见姐夫哭得伤心，心生不忍，偷偷告诉他孟小冬去了天津就医，不过具体住在哪里，他也不知道。

这段时间的梅兰芳可谓是焦头烂额。他带剧组去美国演出是成功的，收获了巨大的名誉，可是由于路途实在遥远，因此开销巨大，他们并没有赚到钱，反而赔进去了许多。而归来之后，就接二连三的出些让他头疼的事，更是影响了梅兰芳的心情。

可是，不管怎么样，他还是要将小冬找回来的，因为那是他的妻子。于是，梅兰芳便托了《天津商报》的记者叶畏夏，帮忙打听孟小冬在天津的住所。

叶畏夏很快就找到了孟小冬的住所，可是凭他怎么说，小冬就是不见梅兰芳。最后，梅兰芳也只能苦笑，觉得这是老天对他的惩罚。

然而，天无绝人之路，就在梅孟感情将要走到绝境的时候，小冬的母亲出现了。原来，她听说女儿在天津整天吃斋念佛，有些担心，便赶来天津看望小冬。叶畏夏抓住了这个机会，硬是说服了老太太，让她做小冬的工作，最后还安排梅兰芳向老太太叩拜求援。老太太本来就是一个良善的人，也很喜欢这个知书达理的女婿，如今见他如此哀求，也就答应帮他说和。

最后，孟小冬在母亲的劝慰下，终于答应了跟梅兰芳重归于好。

感情就是这样，很坚固，但也很脆弱。它能坚固到两个人一起笑对生死，但也脆弱到因为鸡毛蒜皮的小事就宣告终结。梅兰芳和孟小冬的感情，正处在动荡期，这时候是经不起任何打击的，甚至不需要有什么外力或者矛盾，仅仅是平淡，就能够让它终结。事实上，从某种程度上说，二人的结束也确实是因为平淡。

梅兰芳此时已经是大名人了，更是大忙人。他跟孟小冬和好不久，福芝芳便生产了，这时候梅兰芳自然是要多陪福芝芳的，这无关感情轻重，而是一个丈夫、一个父亲的责任。而且，由于赴美演出获得空前成功，梅兰芳的应酬活动和需要出席的场合也更多了。

所以，虽然梅兰芳跟孟小冬和好了，却抽不出那么多时间来陪伴在孟小冬的身边。而这些，对于屡屡受伤的孟小冬来说，是不可忍受的。她放弃了自己的事业，她甘愿一个人待在院子里，这一切都是为了梅兰芳。但梅兰芳竟然没有时间陪伴她。这样一来，孟小冬自然会思考一个问题：自己的付出和牺牲是否值得。

答案自然是不值的。最终，孟小冬决定走出梅兰芳的生活，开始回归自己。

分手是孟小冬主动提出来的，梅兰芳自然不同意，可是孟小冬去意已决，任谁也改变不了。最终，他们分开了。

第二章　青灯斩情空门顿悟

　　那一段时间，梅兰芳是颇为伤心的。从种种迹象中可以看出，梅兰芳是爱着孟小冬的，可是他却无法给孟小冬想要的生活。

　　其实，在一开始的时候，梅就考虑到了，他跟孟小冬结合之后，面临着很多问题，且是自己未必能够解决的问题。但是"梅党"们三言两语就解决了他的顾虑，而那解决方法并不高明，只是告诉他，逃避就可以了。由此可见，梅兰芳极易被人影响。而且，他跟孟小冬真正结合之后，很多事情梅兰芳也处理得不好。就比如在孟小冬和福芝芳的关系上，梅兰芳应该充当的是一个中间角色，他是关键。但他却没有起到关键的作用，不仅没有让两个人彼此认可，甚至还造成了两个人之间的嫌隙。

　　所有种种都预示着，在生活问题上梅兰芳并不高明，这才是导致他跟孟小冬最终分手的原因，而这也是孟小冬悲剧的根源。

　　梅兰芳是企图挽留孟小冬的，但是没有成功。梅兰芳也曾去孟家找过孟小冬，希望她能给自己一个机会，但是孟小冬并没有见他。就这样，两个人的感情彻底宣告失败，他们的缘分尽了。

　　分手是孟小冬提出的，但她并不快乐，可以说很伤心。在跟梅兰芳结合的这几年中，她付出的太多了。结婚时正是她当红的年纪，也正是她人生最好的年纪，如今年华已经不再，但身心却伤痕累累了。

　　不过，即使再不高兴，生活还是要继续的。未来不会因为悲伤而不到来，过去也不会因为悲伤而改变。不管遭遇了什么，生活总是要面对的。

　　孟小冬病倒了。

　　经过一段时间的休养，孟小冬总算从悲痛中恢复了过来。不过那恢复是身体上的，精神上她依然处在伤痛当中。那一段时间，孟小冬对曾经迷恋的舞台生活表现出了从未有过的厌倦。她推掉了很多的演出。

　　在家待了一段时间之后，孟小冬决定换个环境，让自己的心情放松下来。最后，她选择了天津的詹家，又一次开始了吃斋念佛的生活。

　　前文曾经说过，《天津商报》的记者沙大风极为欣赏孟小冬，正是他第一次称孟小冬为"冬皇"，并公开在报纸上对孟小冬喊出了"吾皇万岁"的话来。当他得知孟小冬因为婚姻遭受挫折，自暴自弃连演出都不接之后，非常痛惜。于是通过各种渠道找到了小冬。

梅兰芳与夫人福芝芳及子女

孟小冬：繁华锦瑟三折戏

　　沙大风给孟小冬建议，说她跟梅兰芳的结合是众人皆知的事情，如今分手了，也必须通过法律，正式提出离婚，如果这么不明不白的，只会给人留下话柄，让人们无端猜测，反而对自己不利。

　　那时的孟小冬，正处在凌乱当中，她听了沙大风的话，觉得有道理，自己和梅兰芳的婚姻确实应该有一个正式的了结，算是给戏迷，也给自己一个交代。可是从另外一个角度讲，她又不太想将这件事闹得太大。

　　最后，沙大风又给了孟小冬一个建议，他说上海有一个比较有名的律师，叫做郑毓秀，非常厉害，不如去找她，她是专业人士，自然能够给出一个可行的方案来。这一次，孟小冬听从了沙大风。

已具风韵的孟小冬

　　1931年夏末的时候，孟小冬南下上海，找到了郑毓秀，并根据对方的意见，聘请其为法律顾问，正式向梅兰芳要说法。

　　在上海期间，孟小冬找到了她的好姐妹姚玉兰。此时，姚玉兰已经嫁给了杜月笙，成了杜月笙的第四房姨太太。好姐妹多年未见，自然是非常高兴的，同样觉得高兴的还有姚玉兰的丈夫杜月笙。

　　杜月笙是因为听过孟

小冬唱戏而开始关注她的，并且逐渐喜欢上了这个极有个性的女子。他早年去北京的时候，还曾拜会过孟小冬一次，而且听说孟小冬嫁给了梅兰芳，心中还有过一丝失落。

杜月笙是一个常年在江湖的人，极为敏锐，他虽然不知道孟小冬为什么来上海，为什么找到了姚玉兰，但他明白孟小冬此次不请自来，一定是有什么事的。

孟小冬与姚玉兰多年前就已经结为金兰，自然是无话不谈的，她将自己的境况以及来上海的目的告诉了好姐妹。姚玉兰听了孟小冬的遭遇之后，便出主意说："打官司虽然正式，但很麻烦。如果你不介意的话，就让月笙出面帮你解决一下，不用再请什么律师了。"孟小冬本来就是叙叙旧情，并没有找他们帮忙的意思，因此听了之后，感觉不好意思，便说："这点小事怎么好麻烦杜先生。"姚玉兰回答："没事，本来也不难解决，而且以我们的关系，让他帮你也是正常的。"

最后，孟小冬选择了让杜月笙帮忙，杜月笙自然是愿意的，而且他解决起来也确实迅速。杜月笙给远在北京的梅兰芳打了一通电话，电话里告诉了梅兰芳孟小冬要请律师的事情，并且跟梅兰芳说，你们都是有头有脸的人，闹出去对谁都不好。而且这件事上你确实也有理亏的地方，没尽到一个丈夫该尽的责任。我看不如这样，我当个和事佬，给你们做个中人。然后你拿出一笔钱来，给孟老板，算是对她的补偿，之后井水不犯河水。至于郑大律师那边，我会去打招呼，相信他会给面子。

梅兰芳自然是答应的。当初离婚的时候，梅兰芳就有送一笔钱给小冬的打算，一是为了化解矛盾，二是也算给小冬的补偿，毕竟小冬这些年不演戏收入也不多，当然，他也是想表达一下自己的心意，告诉小冬自己还是在意她的。可是哪想到，那时候孟小冬正在气头上，根本不听他说话。如今，孟小冬将事情弄到了上海，请杜月笙出面，自己要给个面子，另一方面虽然对孟小冬的做法感到不快，也确实觉得自己应该给些补偿，并跟杜月笙说给孟小冬4万块。

听梅兰芳如此爽快就答应了，也算是给足了自己面子，杜月笙很是高兴。便在电话里表示，钱自己先帮梅兰芳垫上，以后梅方便的时候，再还他就是了。

杜月笙这么做，自然也是有他的目的的。他虽然跟梅兰芳也算是朋友，但情感上却是倾向于孟小冬这边的。如果梅兰芳真心实意给这笔钱，那么他帮忙垫上，算是给梅兰芳面子，帮梅兰芳解决了问题，毕竟4万块不是小数目，梅兰芳虽然是名角儿可是刚去美国演出回来，赔了不少钱，一时间怕也拿不出那么多。而且，如果梅兰芳只是敷衍暂时答应，他垫上之后，梅兰芳也就不得不给了，因为很少有人敢欠杜月笙的钱。

这就是杜月笙的智慧，一个常年混青帮的人，自然办起事来是滴水不漏的。

孟小冬的上海之行，算是没有白费，那以后，心情也好些了。倒不是因为拿到了一笔钱，而是总算觉得赢得了一丝尊严，以前，净被人欺负了，这次总算扳回了一局。

同年秋天，沙大风主办的《天风报》发起了一次赈灾义演。他本就喜欢孟小冬的戏，再加上几次来往，跟孟小冬也算是朋友了，所以自然要邀请孟小冬的。那段时间，孟小冬的心情好像也有些恢复了，答应了沙大风的请求。

孟小冬在天津是极有市场的，而且息演多年，此次再次登台，自然引起了极大的轰动，观众们望眼欲穿，只盼着演出的到来。

　　果然，孟小冬没有让天津的观众失望。人们发现，虽然孟小冬已经多年未演戏了，但功力还在，而且不仅嗓音依然如前，在动作、身段上仿佛更加精进了，让天津的观众大大地过了一把戏瘾。

　　那次跟孟小冬同台的，还有著名的"旧谭派"领袖级人物言菊朋。言菊朋是著名的京剧家，他参加完义演之后，又接连演了好几天。孟小冬对言菊朋是非常敬佩的，觉得这是一次很好的观摩机会，便邀请朋友为言菊朋捧场。

　　此前，二人也是相识的，而且言菊朋还曾给过孟小冬一些指点，但是从来都没有正式拜师。这次在天津偶然相遇，孟小冬觉得机会来了，于是便请沙大风在中间说和，表达自己想要拜师的意愿。彼时，孟小冬已经是名满天下的名角儿，跟那些老一辈比，差的不过是些舞台经验，言菊朋没有任何犹豫，欣然答应了。并且说，选个好的日子，举行正式的拜师仪式。甚至当时天津的一些报纸还登载了这件事。

　　没多久，又发生了另一件事。孟小冬拜了上海的京剧票友苏少卿为师了。

　　对于这一消息，很多人是不能理解的。孟小冬已经是著名的京剧演员了，那时沙大风极赞她的"冬皇"称号，也早已经被很多人认可。但她却拜了一位票友为师，很多人都无法接受，不懂小冬是怎么想的。

　　面对朋友的疑问，孟小冬给出了解释，她引用了孔子的话"三人行，必有我师焉"进行了说明，她说自己拜师不在乎对方是否比自己有名气，是否比自己更全面，在乎的是能不能学到东西，只要能够从对方身上学到东西，拜票友为师又算得了什么呢？

从中我们也可以看出，孟小冬真正在意的并不是自己的名气和成就，而是自己的业务能力，她是因为喜爱戏剧而走上舞台的，并不是因为喜欢出名儿走上舞台的。

然而，生活好像注定跟她过不去一样。就在她积极学习，准备在艺术境界上更上一层楼之时，又一件麻烦事出现了。

彼时，天津的一家报纸上连载了一部小说，虽然书中的主人公改了名字，但一看就知道，写的是孟小冬和梅兰芳的事情。那部小说中，重提了当年的李志刚案件，并且暗指这件事的罪魁祸首就是某某著名坤角儿，而且还提到了该坤角儿最后敲诈某大王级名伶数万大洋等。

小说一发，便引起了人们的关注，一时间风言四起，让孟小冬极为恼火。可是，对方是用小说体进行写作的，其中还夹杂着很多虚构情节，而且并未提及孟小冬的名字，所以孟小冬虽然气愤，但也拿对方没办法。她只能是在背后默默忍受，无人的时候独自神伤。

这对孟小冬造成了很深的伤害。她那本来已经逐渐燃起的斗志，也突然消失无踪了，代之的则是对这个社会深深的厌恶。整个人也失去了笑容，从此情绪低落，一蹶不振。

最后，孟小冬看破了红尘，来到了北京的一座寺庙，拜主持为师，举行了一次皈依的典礼。

不过，孟小冬虽然举行了皈依仪式，也正式拜了大和尚为师，但并未真正遁入空门。不过是表明自己皈依三宝，成为了佛家信徒而已。

从那以后，孟小冬便不再登台，而是一心向佛，以求身心清净。

孟小冬信佛也跟学艺一样，广拜师父，她除了在家独自念经静坐之外，每逢初一十五的时候，还会去寺院听法。而听法的地方也不局限于一处，当时北京的各大寺庙她都去过，为的就是从各路大师那里都获得指点。

那段时间，孟小冬的心是安静的，她一直活在自己的世界里，不受外界打扰。这种安静的生活状态，是她自结婚之后从未有过的。以前，她被"困"在"金屋"里，虽然也是没有人打扰的，不过内心中总有一份对情郎的牵挂，以及见不到情郎的煎熬。现在才是彻底的宁静。

然而，另一群人却备受煎熬。他们便是孟小冬的戏迷们。

孟小冬早已经是名家了，也正处于艺术辉煌期。她的离开，无疑是戏剧界的一大损失。戏迷们早就等着看她的戏了，可是她却总也不出来。于是，外界对孟小冬的呼声越来越高。有越来越多的戏迷，呼唤着她，希望她重返舞台。

这时候，很多人开始开导孟小冬。他们说，那些人所以登载无聊小说，为的就是引起读者的兴趣。你又何必在意呢？况且，如果他们真的有恶意，是为了伤害你的话，你现在这种躲在家里的做法岂不是正好中了他们的计吗？等有一天，观众彻底忘记你的时候，他们怕是会在背后偷笑吧！而且，孟老爷子已经去世了，一大家子人都等着你来撑起这个家呢？此时消沉，岂不是让那些小人偷笑，让全家人跟你受苦吗？不如重新拾起精神来，让他们看到你是不能被打倒的。而且，那些流言算什么呢？你在报纸上发一份声明，将事情的经过阐释一下，让支持你的观众们看到真相，大家自然明白是怎么回事了。

孟小冬一想，觉得有理。自己这样做，看似得到宁静，其实是不敢面对外界舆论的一种逃避。自己为何要逃避呢？分明是他们做错了事，伤害了自己，为什么自己还要用他们更为高兴的方式去"报复"他们呢？

于是，孟小冬拿起纸笔，开始奋笔疾书。写了一封启事，现援引原文如下：

启者：冬自幼习艺，谨守家规，虽未读书，略闻礼教。荡检之行，素所不齿。迩来蜚语流传，诽谤横生，甚至有为冬所不堪忍受者。兹为社会明了真相起见，爰将冬之身世，略陈梗概，惟海内贤达鉴之。

窃冬甫届八龄，先严即抱重病，迫于环境，始学皮黄。粗窥皮毛，便出台演唱，借维生计，历走津沪汉粤、菲律宾各埠。忽忽十年，正事修养。旋经人介绍，与梅兰芳结婚。冬当时年岁幼稚，世故不熟，一切皆听介绍人主持。名定兼祧，尽人皆知。乃兰芳含糊其事，于祧母去世之日，不能实践前言，致名分顿失保障。虽经友人劝导，本人辩论，兰芳概置不理，足见毫无情义可言。

冬自叹身世苦恼，复遭打击，遂毅然与兰芳脱离家庭关系。是我负人？抑人负我？世间自有公论，不待冬之赘言。

抑冬更有严重声明者：数年前，九条胡同有李某，威逼兰芳，致生剧变。有人以为冬与李某颇有关系，当日举动，疑系因冬而发。并有好事者，未经访察，遽编说部，含沙射影，希图敲诈，实属侮辱太甚！

冬与李某素未谋面，且与兰芳未结婚前，从未与任何人交际往来。凡走一地，先严亲自督率照料。冬秉承父训，重视人格，耿耿此怀，惟天可鉴。今忽以李事涉冬身，实堪痛恨！

自声明后，如有故意毁坏本人名誉、妄造是非、淆惑视听者，冬惟有诉之法律之一途。勿谓冬为孤弱女子，遂自甘放弃人权也。

特此声明。

这则启示于 1933 年的 9 月 5、6、7 日，在天津的《大公报》上连载三天。一时间引起了广泛的讨论。很多人也从中得知了事情的真相。

从这份启示中，我们也可以看出很多信息。孟小冬确实是愤怒了，而且，她虽然曾经深爱过梅兰芳，但确实被梅兰芳的一系列行为给伤到了。不过，在愤怒之余，孟小冬也保持了理性。她说出了自己最在意的事情，是之前介绍人，即"梅党"跟自己说是有名分的，但真正应该体现出名分的时候，也即梅兰芳伯母去世时，自己却遭遇了羞辱。但是，她并没有直接用这件事指责梅兰芳，也没有夹杂太多的情绪，而是陈列事实，让读者自行判断。

这则启示宣告了孟小冬的态度，同时也预示着孟小冬将要复出了。确实，此后不到半个月，孟小冬便重返舞台。她的戏迷又有戏可听了。

第三章　重返舞台旧人重逢

　　1933 年 9 月 25 日，是孟小冬正式复出的日子。那一天，她在北京东安市场的吉祥戏院演了自己拿手的全本《四郎探母》。

　　当时，著名的京剧艺术家，"余派"唱腔的创始人余叔岩先生，已经因为病痛辍演多年。余先生造诣极高，对艺术要求也极为严格，所以虽然从艺多年，但还没正式收过徒弟，因为在他看来，一般人都不是认真学戏的，不值得教。这样，他本人辍演之后，正宗的余派戏，几乎就可以说是没有了。人们想听余派只能从其他研究余派的演员那里听。但当时确实没有太正宗的余派演员。不过，在这不久前，孟小冬刚刚拜了鲍吉祥为师，主攻的就是余派戏。所以，一批老的余派戏迷，更是将孟小冬的这次演出看得格外重要。因为在他们眼里，孟小冬虽然不是余派的传人，但以她的能力如果钻研余派戏，一定能够掌握余派精髓。

　　久未现身的余派唱腔，加上强大的演员阵容，再加上"冬皇"复出，这场戏可以说是赚足了眼球。当然，演出效果也是非常好的，观众极为满意。

　　孟小冬的这次复出，时机也是非常好的。当时，余叔岩已经辍演多年，而杨小楼年事已高，早已经不能挑大梁了，再加上梅兰芳长期逗留南方，北京的京剧界，虽然也有马连良、谭富英、言菊朋等名角儿，但孟小冬的回归还是给了戏迷们很大的期待，也给京城的京剧界注入了一针兴奋剂。

　　孟小冬复出的消息一经放出，天津那边也马上行动起来了。他们第一时间找到了孟小冬，邀请她去天津唱戏。10 月份的时候，孟小冬在天津连唱三天，让天津的戏迷大大过了一把瘾。据说，当时演出结束之后，压抑了许久的天津戏迷彻底疯狂了，他们在散戏后久久不愿离场，而是在戏园高喊"冬皇！冬皇！""吾皇万岁！"等口号，表达自己对孟小冬的支持和热爱。

　　自此之后，孟小冬开始了常规演出，奔波于京津之间，不时上演自己的拿手戏。而没有戏要唱的时候，就去跟自己的老师鲍吉祥学习余派唱腔。

　　那段时间，是孟小冬最辉煌的一段时间。此时，她的艺术造诣已经上了一个台阶，更为重要的是，余派唱腔中的其他人，早已经没落，而深得精髓的，也差不多只有她一个了。那些原来的余派戏迷，纷纷投入孟小冬麾下，成了她的忠实观众。

　　一次，孟小冬上演跟鲍吉祥新学的《捉放曹》。在其他人看来，这一天很是平常。不过那天确实发生了一件不平常的事。这一天，余叔岩去听孟小冬的戏了。余叔岩早就认识孟小冬，不过那时候，孟小冬还没有专门研究余派唱腔。而自她复出之后，人们纷纷议论，觉得孟小冬的余派唱腔是最好的，深得余叔岩的精髓。所以他就想去看看，这个孟小冬到底到了什么境界。

　　那天，余叔岩是悄悄去的，他没有张扬，而是找了个不起眼儿的位置坐下了。戏一开场，余叔岩就被深深吸引了，整个演出过程中，他不断点头，显然他认可了孟小冬。最后，由于害怕被人认出，戏还没演完，他就提前退场了。不过，他走的时候，心中已经没有疑惑了。他已经被孟小冬征服了。或许，后来他肯收孟小冬为徒，这一次的看戏经历极为关键。

1935 年夏，南方发生洪灾，受灾地区达八省之多。为了唤起人们的慈爱之心，上海大亨杜月笙以慈善家的身份在上海发起了赈灾义演。另一位大亨黄金荣则提供场地，将自己的黄金大戏院腾出，专门用于赈灾义演。

杜月笙和黄金荣共同举办的活动，请来的必然是名角儿，而孟小冬自然也在其中。本次，她演出的剧目有《空城计》《捉放曹》等，都是拿手剧目。然而，正在孟小冬踌躇满志的时候，她的老胃病犯了，无奈原定 40 天的演出，只演了 20 天便演不下去了，不得不辍演。不过，她没有当即回北京，而是留在了姚玉兰的家中调养治疗。

所谓命运无常，对于孟小冬来说，确实如此。她年少得志，成名又早，可以说是一帆风顺。本来以为自己的艺术生命会很长，没想到在北京遇到了梅兰芳，并与之成立家庭，从而为了恪守妇道而退出舞台。那是她最好的年纪，却没能从事自己最喜欢的事情。等到感情破裂，经历一些事情之后，她重新出山，并再取辉煌，可没想到却又遭遇病痛，无法长时间演出。这对于一个天才式的京剧表演艺术家来说，算是极大的打击了。

孟小冬确实是天才级别的。她的一生结识过无数的京剧名家，但若论嗓子，孟小冬没有服过谁，而且，也确实没人能够比得过她。当时，在戏曲行当里，曾有一句老话，叫做"台下不见，台上见。"意思是在台下，我不跟你一般见识，等到了台上，咱们再比个高低。

那个时代，技术极其落后，没有麦克风，演员唱戏全凭高嗓门，如果嗓子不够高，是唱不了戏的。因为你在台上唱，必须要保证台下每一个人都能听见，且听得清，还要让他听出好来。如果声音过小，后面的听不见，观众自然不干。

当时，有一位著名的京剧演员金少山，此人天赋极好，是公认的好嗓子。而且不仅唱得好，对京剧的贡献也很大，还自创了一种较为先进的新唱法。一般有才之人，大都狂傲，这金少山也一样。

金少山很少循规蹈矩，一般都是想什么就做什么，很是随性，也颇不守规矩。据传，有一次金少山在南京演戏，跟他合演的是当时著名的武生王虎臣，他们演的剧目则是全本的《连环套》。在后台准备的时候，王虎臣那边的人一边准备化妆，一边聊着天。其中就有人说虽然外面传言金少山很厉害，但他看其实没什么，应该没有自己这边的王老板牛。巧的是，正好被金少山这边的人听见了，就告诉了金少山。金少山听了之后，并没作声，心里却已经想好了惩戒对方的办法。

开场后，金少山先唱《盗御马》，那次他是卯足了劲儿了，唱得尤其好，观众听得也非常过瘾，一场戏下来，喝彩声不断。金少山演完之后，就卸了妆，换身衣服，跟人说出去溜达溜达，然后就走了。

舞台上的戏还在接着演，等要到需要金少山再次上台的时候，后台经理才发现人不见了。经理很着急，赶紧派人四处去找，同时跟观众们说，金老板临时发烧，去医院打针了，估计要几十分钟才能回来，请大家谅解。台下观众已经被开场的《盗御马》勾起了兴致，对金少山也是非常欣赏，因此竟然毫不在意，甚至有人说没关系，就是等上一个小时也没问题，只要能听到金少山的戏就行了。

舞台是不能晾着的，最后经理无奈，只好临时插了一场《瞎子逛灯》，以拖延时间，同时也算是给观众一个小小的交代。

众人找了差不多半个小时，才在剧场附近的一家咖啡馆里找到了金少山。满肚子气的剧场经理见到这位角儿，赶紧换了笑脸迎了上去，跟他说要喝咖啡叫他们送来就好了，何必跑这么远呢？

金少山答道："等我干吗啊！这种戏谁演不了啊！不是有人说我金少山没什么了不起吗？让了得起的人去唱就好了嘛！"

这件事很快就传开了，从此金少山也就给人一种玩世不恭的形象，甚至有人还给他扣了一顶误场怠工的帽子。不过金少山并不在意，反而继续我行我素。

而且，金少山也确实有不太守时的毛病。以前他在黄金荣的场子演戏的时候，就很不守时，常不把误场当回事，那时候经常是戏已经开场了，金少山却还没到。有一次黄金荣在自己的剧场看戏，结果又遇到了金少山误场，当时气得不行，恨不得立刻将金少山揪到自己的面前，一枪崩了他。可是，当金少山匆忙赶来，连续喊了几个高腔之后，弄得整个剧场掌声、喝彩声不断，搞得黄金荣也哭笑不得，无奈地跟身边的人说："这个赤佬，虽不守规矩，可还真得他唱才行。"

就在 1935 年的这次上海赈灾义演中，孟小冬遇见了金少山，他们两个合演压轴《法门寺》，孟小冬演赵廉，金少山则演刘瑾。这一次，金少山又来晚了，等孟小冬都化完了妆，前面的戏已经快要下场了，金少山才慢腾腾地走进后台。孟小冬对这位有着"金嗓子"之称的金三爷的故事早有耳闻，这次见他依然这么不拿演出当回事，不禁心里不快，同时她的调皮劲儿也上来了，就决定恶搞一下这位爷。

在当时的京剧界，金少山的嗓音之高，是赫赫有名的，很少有人敢在嗓音上挑战他。孟小冬暗地里告诉自己的琴师，等到"庙堂"一段的时候，将调门调到正宫调。琴师有些疑惑地问小冬行吗，小冬调皮一笑，跟他说没事，你就等着看戏吧，之后便上场了。

金少山

那段戏的顺序是这样的，先是孙玉姣唱，然后是孟小冬的词，金少山则接孟小冬。等孙玉姣唱完之后，正好到了"庙堂"一段，也就是孟小冬告诉琴师升调的地方。琴师跟随孟小冬已久，自然早有默契，等孙玉姣一唱完，马上就把调门变了，成了正宫调。孟小冬丝毫不在意，按着这个调门就唱上了，丝毫不费力气，台下观众听得大呼过瘾，顿时喝彩声四起。不过，旁边的金少山却被这一下弄懵了，他怎么也想不到孟小冬到这里会突然提调。不过这是台上，哪有他多想的时间，他只能跟着孟小冬的调门往上唱。本来，唱这一段的时候，按照戏本金少山演的刘瑾是坐着的。可是金少山知道，这么高的调门，坐着唱是肯定唱不上去了，只好站起来，在站起来的同时，还不忘狠狠地瞪了孟小冬饰演的赵廉一眼。一口气唱完了一大段之后，金少山的贴身内衣都湿透了，人也累得气喘吁吁，一屁股坐回了原座。虽然受了些惊吓，但总算拼了老命没丢人。台下此时已经沸腾了，刚才的孟小冬的高调门，加上金少山的高调门，让他们过足了瘾。

台下的观众光顾着听得过瘾了，自然没太多想，不知道是孟小冬在戏耍金少山，台上的演员可是从一开始就看出来了。当时，由韩金奎饰演的贾桂，在台上就忍不住乐了。孟小冬饰演的赵廉，按照本子是背对着台口跪在台上的，此时也忍不住低着头咯咯笑个不停。更为有趣的是，从金少山的这次演出开始，这段刘瑾原应该坐着唱的戏，都改成站着唱了。

戏完之后，演员到回到了后台。这时候，韩金奎忍不住去打趣金少山，说道："金三爷，想不到您老也有今天啊！让孟老板给压过去了吧！"金少山此时是哭笑不得，只好略带无奈地说："好吗！可累死我了。"转脸看到了正要卸妆的孟小冬，马上板了脸，故作生气地说道："爷们儿，你今天可把我坑苦了哈！"孟小冬，赶紧冲着金少山深深鞠了一躬，用京戏韵白的方式答道："千岁爷，下官多有得罪了，还望海涵。"说完，又跑到一边偷着乐去了。

这算是孟小冬此次去上海义演中的一段插曲。由此我们也可以看到，那段时间，孟小冬的心情应该是不错的，要不然也不会想出这种办法来捉弄金少山。他们之间的所谓比试，更多的是娱乐性的，带有搞怪的性质，根本不是较劲儿。而且，也能看出，这时候孟小冬的嗓音是极好的。

孟小冬这次去上海，不仅给观众带来了享受，也见到了许多多年没见的老朋友。姚玉兰就不用说了，孟小冬一直住在她家里。而杜月笙此时是姚玉兰的丈夫，自然跟孟小冬也常能见面。事实上，这次孟小冬去上海，另一个收获便是跟杜月笙走得更近了。这对她以后的人生产生了极大的影响。

这次义演是杜月笙和黄金荣等大佬联合起来，用赈灾的名义举办的。这种盛会自然少不了梅兰芳，否则就给人一种规格不够的感觉了。既然梅兰芳和孟小冬都参与了这次演出，少不了是要碰面的。不过，各种记述显示两个人好像没什么交集。

虽然孟小冬离开了梅兰芳，而且离开得很彻底，甚至做了让梅兰芳很不高兴的事情。但是，我们可以看到，孟小冬并没有忘记他。她的心里还是有梅兰芳的。只不过，我们已经无从判断，孟小冬是因为无法忘怀过去所受的伤害才不能忘记梅兰芳，还是因为时常想起梅兰芳的好而无法彻底忘记他。

但是，这些都不重要了，这两个京剧史上极为重要的人物，注定是没有缘分的。他们再也不可能在一起了，不仅不可能在一起生活，同样也不可能在一起演出了。对戏迷来说，这是一个损失，但对双方来说，这又何尝不是一种解脱呢？

总的来说，孟小冬的这次上海之行还是很快乐的。虽然身体不如以前了，但是毕竟唱了戏，更为重要的是见到了许多老朋友。

同年，黄金荣对自己的黄金大剧院租赁给了金廷荪。剧院经营者改变，自然要重新举办开幕仪式。而那次开幕仪式异常隆重，特意请孟小冬、章遏云、陆素娟来帮忙剪彩。之后，孟小冬还上台演了几天的戏。

那次演出北京来了很多名角儿，像马连良先生等都在其中。不过，值得一提的是，当时已经定居上海的梅兰芳先生并没有出现在这次的演出中。他所以没去，不是因为怕见孟小冬，而是因为当时他有事情不在上海，时间实在赶不开，所以就没有到场演出。

演完戏之后，孟小冬又在上海住了一段时间，自然还是住在姚玉兰的家里。结果，这一住改变了孟小冬的命运。她跟杜月笙产生了感情。

提起这段感情，也是颇为不同寻常的。孟小冬对杜月笙的印象自然是很好的，这位青帮老大这么多年来没少帮助自己，同时又是好姐妹的丈夫，感情自然就进了一步。不过，她却从没有想过要跟杜月笙发生什么纠葛。

孟小冬（右）与姚玉兰

而杜月笙是喜欢孟小冬的。孟小冬十几岁的时候，杜月笙就知道她，也曾经关注过她。后来她长大成人了，更是让杜月笙时常牵挂。可以说，杜月笙早就对孟小冬倾心了，不过因为孟小冬嫁给了梅兰芳，所以他没了机会，便没有表达过。而只是在背后默默帮助孟小冬摆平各种事情。

姚玉兰也是通过京剧跟杜月笙相识的。杜月笙看了她的表演很是喜欢，便不懈追求，最终抱得美人归。那时候，杜月笙已经有三个老婆了，姚玉兰是他的四姨太。不过，虽然杜月笙老婆较多，但他的主要精力都是放在姚玉兰身上的。他们结婚后，更多时候杜月笙都是跟姚玉兰在一起的。

然而，姚玉兰虽然得宠，却并不安心。她爱丈夫，她的丈夫也喜欢她，但她总是没有安全感。因为她还有三个竞争者，虽然现在丈夫的心思都在自己身上，可是男人尤其是像杜月笙这种地位的男人，喜新厌旧是很平常的。他很可能再找一房姨太太，那时候自己也便失宠了。姚玉兰是一个很聪明的女性，也是一个比较看得开的人。她想，反正也阻止不了丈夫纳妾，那为什么不索性让步再大些，自己给他介绍呢？这样，杜月笙即使厌倦了她这个人，也会对她感恩，从而不至于太过冷落她。

找人，是门学问，尤其是给自己找一个潜在的竞争者，就更是一门学问了。姚玉兰早就知道，丈夫是喜欢孟小冬的。她也知道孟小冬是一个很好的人，她不会背叛自己，更不会对付自己。因此，孟小冬便成了姚玉兰的目标，她要撮合孟跟自己的丈夫结合。这样一来，对几个人都好，孟小冬是自己的姐妹，进门之后自然跟自己一派，这样即使杜月笙的另外三个老婆想要对付自己，那么也有了跟她们抗衡的资本了。杜月笙喜欢孟小冬，他二人结合之后，杜月笙得偿所愿。而孟小冬如今年纪也不小了，是时候找个归宿了。所以这是一个极为圆满的结局。

打定主意后，自然就是实施了。杜月笙这边是不需要做什么工作的。差就差在孟小冬未必会同意。

姚玉兰是孟小冬的好姐妹，她的话孟小冬自然是听的，也是信的。姚玉兰总是说杜月笙的好，孟小冬不自觉地就信了。而且杜月笙也确实对她很好，在这种潜移默化中，孟小冬对杜月笙的好感，自然是急剧上升的。

一切都准备好之后，差的就只是最后一道工序了，那就是捅破这层窗户纸。

这天，姚玉兰跟往常一样，热情地邀请孟小冬跟自己一起睡。结果，半夜的时候，姚玉兰偷偷出去了，而再进来的则是杜月笙。

　　面对这突然的变故，孟小冬自然是吃惊的，不过她最后没有抵抗。姚玉兰长时间在她耳边吹的风起了作用。而且，杜月笙这些年对她的照顾，也让她的抵触情绪减少了许多。我们不知道当晚的情况，不过相信杜月笙也是说了许多好话的。这些条件在一起，让孟小冬接受了眼前的这个男人。从此后，孟小冬成了杜月笙的女人。

孟小冬与杜月笙生活在一起

　　从那以后，这三个人就正式在一起生活了。姚玉兰对此自然是高兴的。她经常跟孟小冬说，不如就直接搬过来，我们一起过日子。而且，我们姐妹一起，也可以跟那三个婆娘斗一斗，到时候将家产争来，我们就一辈子无忧了。孟小冬对这种话总是不置可否，不过她确实留了下来。

　　孟小冬在上海住了一段时间后，七七事变爆发了。很快，战火逼近上海，杜月笙和姚玉兰决定暂时避一避风头，去往香港。当他们邀请孟小冬一同去的时候，却被孟小冬拒绝了。她的想法是，家人还在北京，而且那边还有很多事情需要处理，所以一定是要回北京去的。而且，自己虽然跟杜月笙在一起了，姚玉兰也接受了自己的身份，可是毕竟她还没有名分。她是吃过没有名分的亏的，所以，她最终选择了离开。

当杜月笙和姚玉兰一同去香港的时候，孟小冬独自一人回到了北京。

第四章　立雪余门广陵绝唱

自那以后，孟小冬演戏的机会就少了。一是身体越来越不好，不能长时间演戏，还有一个就是时局动荡，看戏的人少了，演出的机会自然就少了。不过，孟小冬虽然不经常上台了，但她对艺术的追求从来都没有停止过。而且，仿佛随着时间的推进，变得越来越热烈了。

孟小冬开始了自己的又一次拜师计划。

孟小冬是拜过很多师父的，像给她启蒙的仇月祥，后来的鲍吉祥，还有著名的京剧票友苏少卿等。孟小冬的这些师父虽然也都是名家，不过真正能够称得上大师的，怕是不多，甚至没有。而且，孟小冬拜他们的目的，也不过是取长补短，因此也便不要求对方一定要在艺术造诣上全方位高出自己。只是有一两个方面有自己值得学习的就好。但这次她要拜的师父却不一样了，这绝对是一位大家，是真正的大师。孟小冬想要拜的师父是余叔岩。

这个想法孟小冬早就有了。我们前面曾经讲过，孟小冬跟梅兰芳成亲不久，就曾让梅兰芳带着自己去过余叔岩的家，想要拜余叔岩为师。后来余叔岩没有答应，才给她推荐的鲍吉祥。不过，虽然那次没有成功，但孟小冬并没有想过要放弃，她一直都在坚持，都在找合适的机会，拜入余叔岩门下。

余叔岩是我国著名的京剧表演艺术家，在中国的京剧史上算得上是一个开宗立派的的人物了。他的"余派"唱腔，曾经红极一时，是人们争相模仿的一种唱腔。孟小冬最近这些年，便是一直用余派唱腔演唱的，而她最近几年拜的几位师父，也基本都是余派唱腔中有所成的人。但是，想学习余派唱腔，自然是跟余叔岩本人学才好。

不过余叔岩对于收徒弟，好像并不热衷。余叔岩名第祺，祖籍湖北罗田，于1890年出生于北京。余叔岩出生在一个京剧世家，他的爷爷是京剧初成时期的著名老生余三胜。而且，余叔岩少年刚出道的时候，艺名就是"小小余三胜"，当时在天津演出。

前文曾说过，余叔岩年幼的时候，曾和同样年幼的麒麟童周信芳打过擂台，就是这段时间。后来，余叔岩因为生病加上倒仓，不得不回北京。这期间，他的岳父资助他，拜访了很多名家，进行学习深造。他曾跟钱金福、王长林等学习武功，跟姚增禄学习昆曲，同时还跟一些谭派唱腔的人学习了谭派的唱法。让余叔岩得益最多的是后来拜了谭派创始人谭鑫培为师，跟师父学习了很多东西。而且，每当谭鑫培上台演出的时候，余叔岩总是到场，在下面仔细观摩、学习。更为重要的是，他不仅跟谭鑫培学习，还跟谭鑫培身边的人学习。像谭鑫培的琴师、鼓师等人，他都很熟悉，并经常向他们请教。正是凭着这份好学和努力，余叔岩的艺术造诣得到了很大的提升。

1917年，已经年届古稀的谭鑫培被逼着为军阀唱堂会，结果呕血而亡。一时间，老生行业里群龙无首。人们都为此惋惜，但也都觉得自己出头的日子到了，昔日的须生之皇离去，正是产生新的须生之皇的时刻。于是，各路英豪无不卖力演出，希望能够通过自己的努力得到观众和戏评人的认可，接班做新的须生之皇。余叔岩本身就曾拜谭鑫培为师，是得到过谭鑫培亲自指点的，也算是对谭派唱腔掌握得比较全面和深刻的人。不过，他却没有出山，原因是那段时间嗓音还没有恢复，而是依然在家苦苦练习。

一般人，在面对名和利的诱惑时，多半会迷失自己，从而贸然行事，在非最佳时机的时候出现，从而错过了成功的机会。但余叔岩经受住了，所以最后他成功了。

那段时间，余叔岩经常去"春阳票友会"，那里差不多可以说是谭派票友的聚集地，很多对谭派唱腔有极深研究的知名票友都聚集在那里。余叔岩乐于交友，跟他们自然是好朋友，也经常向他们请教。

谭鑫培生前收徒极少，就是余叔岩这种正式拜了师父的，也没有教授太多。不过，有一群人却是谭派的绝对继承人，谭派表演方式的精华，他们悉数掌握了。他们就是常年跟谭鑫培合作的人。像谭鑫培的琴师陈彦衡就是其中一位，谭鑫培晚年的时候，一直都在跟陈彦衡合作，他的很多秘不传人的好腔，也都被这位细心的琴师记下了，后来，很多热衷于谭派的人都常去向陈彦衡请教，余叔岩自然也是其中之一。

除此外，余叔岩还经常去找那些跟谭鑫培合作的演员，像杨小楼等，跟他们请教谭派。这些人本身就是名角儿，对京剧的东西看一遍，便有所领悟。跟谭鑫培合作了那么多年，对谭鑫培的很多特点及唱腔自然了然于胸，便教给了余叔岩很多东西。

就这样，余叔岩靠着向各方学习，竟然能够做到谭之十分六七了。虽然还不及谭鑫培那般火候老到，但跟其他人比起来，已经算是得到谭派精髓的人了。更为重要的是，余叔岩精通文墨，且思想很新。那些未能继承谭鑫培的地方，他便结合自身的特点，加以创造。

这样一来，跟那些完全继承、模仿谭鑫培的人比起来，余叔岩身上就有了更多的亮点，而且，他将不足的地方演绎出自己的特色，也相较别人更少缺点。更为重要的是，当时谭派已经被人们捧到了一个极高的高度，因此差不多走进每一家戏园，听到的都是谭派的唱腔。一种唱腔，哪怕再是高明，人们总有听腻的时候，更何况这时候那真正的开创者已经离去，剩下的都是些模仿这种唱腔的人呢？

因此，当余叔岩出现在众人面前的时候，人们不禁眼前一亮，这个年轻人继承了谭派的精华，又跟其他的谭派演员有很多不同，再加上他有自己的特色。所以余叔岩一下子就脱颖而出了。

一时间，余叔岩轰动了北京城。不过那时候余叔岩的嗓子还没有完全恢复，因此只是参加些票友的活动，偶尔演演堂会，正规的戏园演出，他是很少去的。因为他心里明白，剧院演出跟堂会不一样，自己现在的嗓子恐怕不是参演剧院的最佳时机。这便是余叔岩最大的过人之处，他总是能够理智地思考，懂得自己在什么时候该干什么事情。

没想到，余叔岩的不经常演出，反而为自己迎来了更多的关注。人们都知道有这样一个年轻人，谭派唱得极好，但却不经常登台。余叔岩的神秘引起了人们的好奇心，因此他能够长期引起别人讨论。这些都为他正式复出造足了势。

1918 年秋，余叔岩正式复出参与营业性演出，他没用过去的"小小余三胜"的艺名，而是以余叔岩的名字重返舞台，而跟他同台表演的，则是梅兰芳。

二人合演的第一出戏是《游龙戏凤》，这出戏反响极好，甚至有人觉得它已经超越了谭鑫培和余紫云合作的版本，这个评价可谓极高了。

从那以后，余叔岩逐步将所学谭派的心得结合自身特长不断摸索，境界猛进，从而一举成名，轰动北京城。当时，北京的戏迷们称余叔岩、杨小楼、梅兰芳为"三大贤"，是当时北京四九城内最为耀眼的明星。同时，这三个人也代表了二十世纪二三十年代中，老生、武生和旦角的最高水准。

后来，随着自身技艺的提高，余叔岩逐渐完成了谭派精髓与自身特色的完美结合，形成了与谭派不尽相同的余派。

随着时间的流逝，人们渐渐不再对谭派那么追捧了，转而去听余派。这时候，余派唱腔又成了当时的流行。不过，人们虽然喜欢余派，真正能够听到正宗余派的机会却是不多的，原因是余叔岩并不经常上台唱戏。

余叔岩不经常登台，不是他不愿意唱，也不是没人请他唱，而是他的身体不好，经常得病，不得不歇息。可以说，跟其他的开宗立派宗师比起来，余叔岩的成就是丝毫不让众人的，但艺术生命则要短了许多。他的老师年逾古稀依然能够上台，可他年岁稍大一点之后，就基本不怎么露面了。

正因为余派流行，所以孟小冬才那么向往，并在晚期改成学习余派。因此，她梦想着拜余叔岩为师也就不奇怪了。

1934 年的 12 月，杨梧山由上海调到北京担任陆军次长。他到京不久，便在泰丰楼宴请自己的老朋友余叔岩。当时余叔岩的母亲陈淑铭老人刚去世不久，他正是热孝在身，本不想出席宴会的。然而，杨梧山多次致函，坚持要请他，最后盛情难却，只好带着次女余慧清，父女二人左臂带着黑纱出席。

杨梧山虽然身在政坛，但非常喜欢京剧，会拉京胡，他跟余叔岩是多年的老友。当初余叔岩去上海演出的时候，他也曾帮忙出了很多力气。这也正是余叔岩不好推辞的原因。在那次的宴会上，作陪的是孟小冬。

其实，这次宴会并不是杨梧山的主意，而是他临行前，杜月笙对他的请托。原来，孟小冬曾多次跟杜月笙、姚玉兰等人提起自己想要拜师余叔岩的事情。杜月笙早就对孟小冬有好感，自然记在了心里。后来他听说杨梧山要去北京上任，他知道杨跟余叔岩关系很好，便拜托他帮忙说情，请余叔岩收孟小冬为徒，至少要答应指导一下孟小冬。席间，杨梧山也表达了类似的意思，推杯换盏之间提到了要余叔岩照顾下孟小冬。

不过，这次余叔岩依然没有答应收孟小冬为徒。我们不知道余叔岩到底在顾忌什么，如果说资质、努力程度，孟小冬无疑是够格的，而且在当时学习余派的人当中，孟小冬不说是佼佼者，也已经差不多了。因此，如果余叔岩想要将自己的一身技艺传承下去，孟小冬无疑是一个非常好的人选。可能是余叔岩有些东西放不下吧。毕竟孟小冬曾是梅兰芳的妻子，而余叔岩是梅兰芳的好朋友。如今二人已经离婚，自己再收孟小冬为徒，在别人眼里怕不太好看。而且，即使梅兰芳不说什么，也难保他身边的那群"梅党"们说些闲话，到时候闹得朋友不愉快，反而不美。

总之，余叔岩没有要收孟小冬为徒的意思，不过他给出的借口不是自己不想收徒，而是身体不行，教不了了。这是一个极有说服力的理由，当时，余叔岩确实已经因为身体问题，很久没有上台了。

不过，余叔岩虽然并没有答应收孟小冬为徒，也没把路都堵死。他当时说："切磋技艺，未必就要有一个师徒的名分，如果孟小姐有什么学习上的问题，尽管来问我，余某知无不言。"

杨梧山是一个混迹官场的人，见缝插针是看家本领，自然不会放过这个机会。余叔岩说完这句话后，杨梧山便让孟小冬当场请教。孟小冬拜师之念由来已久，今日虽然未能成功拜师，但也不想错过这个机会。于是就请教了一出戏，即《击鼓骂曹》。孟小冬的这出戏是跟陈彦衡学的，就是谭鑫培的琴师，因此有很好的基础。余叔岩听了小冬的理解之后，给她指点了几个关键处，又将整出戏的大概说了一遍。虽然讲得不详尽，但孟小冬一样觉得受益匪浅。

虽然这一次孟小冬并没有拜师成功，不过毕竟当面向余叔岩请教过了。更为重要的是，她找到了余派的源头，因此除了向琴师陈彦衡学习之外，她还经常去请教曾经在谭家教戏的陈秀华请教。可见孟小冬的学习意识之强，用心之深。

前文曾经说过，余叔岩曾经偷偷去看过孟小冬的戏，而且颇为赞赏。其实，自那时候起，余叔岩就已经认同孟小冬了，也觉得如果收徒的话，这是一个极好的人选。可是一直因为种种顾虑，因此没能收孟小冬为徒。

不过，机会很快就来了。

话说余叔岩有一个挚友，叫做孙养农，此人长居上海，每次到北京，总是要去余叔岩家，二人喝茶聊天，纵论天下，是极好的朋友。有一次，孙养农又去北京，跟朋友喝得七荤八素的，半夜才出得门来，之后晃晃悠悠就上了车。司机早就熟悉了他的品性，也没问直接就往余叔岩家开去。原来，这孙养农有一个习惯，只要在北京待着，必定每晚都要去余叔岩家坐一坐，跟余叔岩聊会儿天，然后再回去自己歇息的地方。

这天，孙养农晃晃悠悠地跨进了余家的大门，就听见里面琴声嘹亮，歌声动人，他知道这是余老板又在吊嗓子了。虽然醉醺醺的，不过这孙先生头脑还清醒，他朝余家的看门人连连摆手，意思让他不要声张，别去报告自己来了，以免打扰了余叔岩练嗓，那样不仅煞风景，自己也没得听了。

就这样，孙养农背着手，在余家院子里听了很久，那晚余叔岩唱得是《卖马》中的一段。孙养农听得如痴如醉，不过同时他也悲从中来。自己的这位老朋友，一肚子本领却常年因病困扰，不能经常演出，实在是让人惋惜。想到这些，孙养农鼻子一酸，泪水差点掉下来，不过他赶忙就感到自己的失态。于是赶紧调整精神，继续听戏，听到精彩处时，没忍住大声喊了声好。这一声惊动了余叔岩，他也听出了来人是谁，于是赶紧停下不唱，出来迎接这位好朋友。

当天，冯慧仙也在场，他是来为某个票友说项的，那票友想要让余叔岩指点一二，自己跟余叔岩不熟，所以托冯来递个话。余叔岩没有答应冯慧仙，婉拒了。待冯走了之后，余叔岩和孙养农便聊起了这个话题，余叔岩说："现在的人啊，只想着拜师，从不看看自己是不是那块材料。找我的，不是材料不够，就是不懂得努力，教了也是白教，索性一个不收，反倒落个清静。"

听了余叔岩的话，孙养农问道："那依你看，如今哪个最接近你的戏路呢？"余叔岩毫不犹豫地回答说："孟小冬，她是块材料。"孙养农听了之后有些诧异："那你为什么又拒绝收她为徒呢？"

余叔岩听了孙养农的提问，叹了口气，说道："教戏的时候，难免要扶手臂、搀手等，小冬是个女性，不方便。更何况她曾是兰芳的妻子，而我与兰芳是极好的朋友，如此一来，就更不方便了。"

至此，余叔岩才说出自己的顾虑，他拒绝收孟小冬，不是因为觉得孟小冬不行，也不是不想收徒弟，而是有太多世俗上的考量。

当晚，二人谈了很多。虽然这次谈话涉及孟小冬的地方很少，但确实给了余叔岩一个触动。他突然感觉到，自己的一身技艺或许真的要找个传人了，一旦自己身体不行了，或者生一场大病，无法教授徒弟了，那么自己这一派岂不要断绝？余叔岩想法的改变，自然是利于孟小冬日后拜师的。

说来也巧，余叔岩有一个发小儿，叫李育庠，一次坐火车的时候认识了一个文武老生，叫做李桂春。言谈中，李桂春说出自己要去北京，然后找门路帮自己的儿子李少春去拜余叔岩为师。李育庠一听，便说了自己跟余叔岩的关系，并开口许诺对方，帮忙当个中间人，代为介绍一下。不料，李育庠跟余叔岩说的时候，余叔岩当场就拒绝了，此时他虽然已经有了收徒的想法，甚至从内心觉得自己确实需要一个徒弟了，但标准依然未改，必须是自己看中的，判定有资质，并肯去努力的。在余叔岩眼中，这种自己见都没见过，只是朋友帮着答应的徒弟，是不值得收的。然而，这李育庠确实是个奇人，他见老伙计竟然如此不给自己面子，竟然耍上了流氓手段。跟余叔岩说，我们也算是从小玩到大的，如今你竟如此不给我面子，既然你无情，我也无义。你今天若是不答应这事，我就吊死在你们家门口。余叔岩对这个发小儿实在是无奈，最后只好答应了下来。

李少春的拜师仪式是在 1938 年的 10 月 19 日举行的。余叔岩首次收徒，前来祝贺的人非常多，期间很多前来贺喜的客人聊着聊着便聊到了孟小冬身上，不少人都为孟小冬抱不平，觉得余叔岩太过偏心。人家孟小冬一直对你尊崇有加，见了你毕恭毕敬的，而且天赋又高也懂得努力，可你不收，反而收了个李少春这种条件没有孟小冬好的。这不是重男轻女吗？

余叔岩听了众人玩笑式的责问，也有些尴尬，只得说小冬曾是兰芳之妻，后又离异，我与兰芳一向交好，如今虽然往来较少，也不宜介入这种关系。

众人一听，说道那好办，我们就去把兰芳找来，让他保证不干涉，这样总行了吧？这时候，在场的人已经被此氛围感染，纷纷玩笑似地七嘴八舌起来，弄得余叔岩好不尴尬。不过，还得接话，于是继续解释道："你们不要急，听我说。男师父教女徒有诸多不方便，你们都是梨园行当的人，知道教戏的时候难免有身体碰触，怕遭人言啊！"

众人听了，又是一阵哄笑，这时杨梧山突然上前插话道："原来你不收小冬不是因为重男轻女，而是担心男女授受不亲啊！这个好办，你家的两位女公子不都是戏迷吗？你教授小冬之时，可以让她们陪学，这样一来，旁人还能说出什么呢？"杨梧山说完，听众们一阵叫好，都觉得这个主意实在是妙。

余叔岩见到了这个份上，如果自己再不松口，显得太不合时宜了，便不再拒绝。第二天的时候，请来许多梨园行有头有脸的人做中人，第三天正式举行了孟小冬的拜师仪式。

余叔岩是北京地区的名人，自然很多人想要结识他，而他

余叔岩与孟小冬、李少春

本身也愿意交朋友，因此家中客人很多。一般来说，余叔岩吃完晚饭后，都是陪着朋友们聊天，等到将近十二点钟，人都走得差不多了，便开始教授孟小冬和李少春。这一教，往往就要教到第二天的天亮。

每次孟小冬学戏的时候，余叔岩的两个女儿也都是陪在旁边的，为的就是防止别人说闲话。

一般来讲，传统式的师徒协作方式，有以下几种。第一种就是类似孟小冬跟仇月祥那般，师父不收学费，并且负责学生的日常起居花销，但是当徒弟学有所成之后，赚来的钱要分给师父一部分。还有就是类似今天各种补习班的样式，交学费学习。而余叔岩选择的却是另一种方式，即教学问但不收费。

所以如此，一是那时的余叔岩不缺钱，他不过是想把自己的一身本领传下去而已。师父免费教学，而且教得极为认真，让孟小冬更为感动的是，师父教自己的时候，还拉上两个女儿作陪，让孟小冬很是过意不去。年轻女孩之间本就容易熟络，孟小冬跟余叔岩的两个女儿很快就成了好朋友。之后，孟小冬便经常买些礼物给她们，以弥补自己没花学费的亏欠心理。

那一段时间，孟小冬是下了心思的。她不仅自己听得仔细，还懂得利用身边的资源。刚刚拜师不久的时候，对师父还没那么了解，她便通过余叔岩的两个女儿打听余叔岩的教课特点，以及在余叔岩面前要注意些什么。

孟小冬跟余叔岩学习的时候，总是站着听，不做笔录，而是用心默记，表示对余叔岩的尊重。这样做余叔岩自然从内心喜欢，觉得这个女徒弟有心，懂得规矩。但也有一个缺点，就是默记总是会有遗漏的，有些东西当时听的时候记下了，很快就容易忘记。因为跟余家姐妹相处得很好，两个小姑娘就自动担起了记笔记的任务，她们记下后，到时候送给孟小冬。这也是孟小冬跟余家姐妹感情融洽的一个见证了。

余叔岩的艺术成就在于注重细节。当时，很多演员都将主要的功力放在了唱上，对于动作以及人物心理等揣摩得不够。前文曾经介绍过，齐如山跟梅兰芳结识，靠的就是齐如山给梅兰芳讲了人物心理的变化，并觉得应该将这种变化体现出来。所谓英雄所见略同，余叔岩也有着类似的看法。

他教给孟小冬和李少春的不仅有唱腔上的各种变化，更是有一出戏中，每个人物处在每个阶段的时候，心理上的发展和变化，并告诉他们如何表现出这些变化来。

正是因为余叔岩的戏中夹杂了太多这种细节性的东西，是需要去认真揣摩，认真体会的，所以虽然孟小冬和李少春都有很好的基础，甚至孟小冬已经是绝对的名角儿了，但二人学习得依然很慢，当然也很苦。不过，进度虽慢，但质量却高。他们两个，尤其是当时的李少春演出很多，他每学完一出戏，便上台表演，以检验成果。而每次都差不多能够引起轰动。

这便是名师的能力了，不仅自己演得好，教学生也教得好。

李少春最开始的时候，学习也是非常认真的。他本来就有一定的天赋，而且肯努力，进步也快，有些戏目甚至比孟小冬接受得还要迅速。不过，一段时间之后，李少春去余叔岩那里的次数就开始少了。

之所以这样，不是李少春不愿意学了，也不是余叔岩不喜欢他了，而是李少春没有太多的时间，他需要不断登台。李少春跟孟小冬不一样，此时的孟小冬虽然也需要养家，但她毕竟是名角儿，唱了很多年，而且也红了很多年。手里有一定的积蓄，因此即使不经常上台，家中的吃穿用度也没有问题，而且杜月笙也会经常资助她，在经济上她是没有负担的。但李少春不一样，他需要养家。现实让他不得不将更多的精力放在舞台上。最终，李少春在父亲的要求下，不得不辞别恩师，跟着老父亲去关外演出了。

这样，李少春虽然也是余叔岩的入室弟子，但其实并没有跟余叔岩学过太多的剧目。而孟小冬则不同，她是因为真心喜欢戏剧，所以才拜师的，其目的就是提高自己，因此不仅学的剧目多，学习得也更加刻苦。当然，成长得自然也更快。

余叔岩本身就有病在身，如今随着年龄的增长，身体更是大不如前了。他自己好像也感觉到了身体境况的不好，因此更加珍惜这在世的时日，对小冬的教授也更加严苛了。每一出戏，都是一个动作、一个眼神地教小冬。这样虽慢，但学得扎实，孟小冬在这一段学习的日子中，可以说艺术造诣又上了一层楼。

就这样，孟小冬整天跟着余叔岩学戏，一个教得认真，一个学得刻苦。几年的时间，孟小冬已经学了余叔岩所会剧目的大半，而余派唱腔的精髓，也尽都学会了。

1943 年 5 月 19 日，余叔岩这个甚至可以用伟大来称谓的著名京剧表演艺术家，最终没有战胜病魔，离开了人世，享年 54 岁。孟小冬听闻师父死讯，一时无法接受，悲伤不已，然而这是谁也无法改变的事实。

余叔岩去世之时，北京正处在日伪的统治之下。这期间，孟小冬以要为亡师心丧三年为由，正式宣布告别舞台，不再为人唱戏。其实，也有部分原因是她不想为日伪唱戏。

1947 年 9 月，孟小冬再次出山，这一次是为了陕西水灾义演，同时也是为了庆贺杜月笙 60 岁的生日。孟小冬连着演了两场《搜孤救孤》。

自从拜师余叔岩门下之后，孟小冬就很少登台了，正儿八经的演出可以说是没有的。这次是孟小冬正式学习余派之后的第一次正规演出，也是孟小冬给观众们交答卷的一刻。这也是她这一生中最后一次正式演出。

由于孟小冬在开演之前就已经宣布了，这是自己最后一次公开演出，所以未演便轰动了，人们争相抢票，一时间一票难求。原本只卖五十万元的一张门票，竟然被黄牛们炒到了五百万元一张，即使价格翻了 10 倍，依然是供不应求，很多人还是拿着钱买不到票。甚至，当时已经到了像马连良这种角儿都弄不到坐票的程度，他为了看戏，只好找人在戏园过道加了张凳子。

当晚的演出极为轰动，也相当成功。不仅戏园的人大呼过瘾，通过无线电收听直播的人，也都觉得不虚此生了。

这一次是孟小冬演艺生涯的巅峰，同时也标志着孟小冬演艺生涯的结束。纵观孟小冬从艺的这些年，虽然中间也有坎坎坷坷，不过只就艺术上来讲，还是顺利的。她 8 岁第一次登台，便给观众们一个惊喜，等到最后一次唱完，又是让观众大大满足了一把。以辉煌开始，又以辉煌结束，可以称之为完美。如果要说有什么遗憾的话，那就是她因为身体不好，曾经沉寂了很长一段时间。不过，孟小冬那段时间虽然不在台上，却一直在戏迷们的心中。一个艺人能做到这一点，还有什么遗憾呢？

　　但她的人生却并不完美，甚至满是伤痛。第一次婚姻没能让她得到想要的生活，反而是受了一身的伤。这些都是她所没想到的，更是她所不想要的。如今年纪已经大了，也该给自己找一个归宿了。可是那归宿在哪里呢？此时的孟小冬对以后的日子还没有一个具体的规划。

　　不过，好像有一个人早已经开始为她规划了。

第五卷
缘起缘灭戏如人生

第一章　情归于杜释然于心

其实，孟小冬这次去上海演出，本来也是有顾虑的。因为这种类型的演出，梅兰芳肯定是被邀请的对象，到时候台前台后免不了要碰到。虽然说两个人的事情已经过了那么多年，但如果再见面，依然会觉得有些尴尬。当然，最重要的是，媒体的眼睛都会盯着他们俩，到时候没事也会弄出事情来。

不过还好，这次主办人依然是杜月笙，而他也早已经想好了解决办法。这次演出一共是十场。杜月笙的安排是分别由孟小冬和梅兰芳唱大轴，其中孟小冬两场，梅兰芳八场。这样，两个人就不会碰面了。但是媒体和戏迷们都希望梅兰芳和孟小冬能够合作，这不是没事找事，而是觉得这样的组合才是当时最强大的组合，才能让他们好好过上一把戏瘾，也生出更多谈资。

媒体希望有话题，戏迷们希望有好戏看，这样一来，话题自然就会出现了。确实，当时有一些小报呼吁梅兰芳和孟小冬再次合作，以飨听众。事实上，如果仅仅合作演戏，也并无大碍。只是小报们的无良体现在他们不仅呼吁两人合作，更是表达出了想用个这次演出，让梅孟重归于好的意愿。这样一来，就让孟小冬和梅兰芳尴尬了。

当然，同时感到尴尬的还有杜月笙。一边是自己的朋友，一边是自己事实上的女人，如今被媒体弄得混乱不堪，他自然是不愿意的。

不过，小报们的发言是没法阻止的，所以也只能当做没看见，任它去做吧。然而，当时却有个来头很大的人物，也参与了进来，要撮合梅兰芳和孟小冬合演一场。这个人就是黄金荣。

这次的上海义演，同时也兼有为杜月笙庆生的目的。而且，这次杜月笙过生日排场弄得尤其大，宾客足有五六千人，汽车也差不多上千辆。更让人想不到的是，期间警察局长亲自在门口指挥交通，而且当时许多政府的头面人物也都来了，像宋子文、汤恩伯等都到了现场，甚至连蒋介石也派了代表祝贺。

黄金荣心想，杜月笙如今虽然是上海的老大，但毕竟是自己一手带出来的，肯定会给自己几分面子，所以他也去了，不仅为了祝寿，更是为了告诉别人，我老黄也不是一般人物，你们都看重杜月笙，但杜月笙看重的却是我老黄。然而，让他没想到的是，他竟碰了软钉子。他到现场的时候，杜月笙并没有出来迎接他，而是推托说身体不舒服，仅派了一个小弟出来。

这下可把黄金荣气坏了，他觉得太没面子了，整天都想着怎么扳回来一局。后来他就想到了孟小冬和梅兰芳。

黄金荣跟杜月笙是对手，但也是多年的旧相识，对于杜月笙跟孟小冬的关系，他自然是知道一二的。于是，他就想着趁这个机会，让孟小冬跟梅兰芳上台合演，好让杜月笙出丑。当时一些小报上的消息，就是黄金荣授意发的。

不过，孟小冬和梅兰芳都是有分寸的人，他们在梨园行摸爬滚打了这么多年，早已经对各种舆论看开了。而且，这么多年的社会经验，他们也自然知道什么是该做的，什么是不该做的，什么是能做的，什么是不能做的。因此，他二人自然不会被小报牵着鼻子走。事实也确实如此，二人不仅没有合演剧目，甚至一方有戏的时候，另一方也会故意避开，以免有闲话。甚至就连最后一天有杜月笙本人参加的集体合影孟小冬都没去，因为那天梅兰芳在。

也正是因为这次上海之行有太多的闲话，孟小冬演完之后便整理行装回了北京。杜月笙和姚玉兰自然是极力挽留的，不过孟小冬说自己离开北京已经好几个月了，家中老母非常惦念，已经写信催促了，不得不归。这个理由是无法反驳的，因此杜月笙和姚玉兰也不好强留，于是拿了很多首饰出来，作为孟小冬出席此次活动的酬谢。

不过，孟小冬并没有收受杜月笙给的酬金，只拿了一块刻有杜月笙名字的金表。

值得一提的是，这次回京孟小冬并没有拿戏服，她只留了自己非常喜欢的一件——演程婴时穿的褶子，其他的都送人了。其意非常明显，是想告诉众人自己在演出之前宣传的从此不再登台并不是制造噱头，而是真实的。

当时的人们，尤其是梨园行当的同行以及各类戏迷都觉得十分惋惜。有人也问过她为什么要从此弃演，孟小冬只是幽幽一声叹息："我现在的样子，还怎么演戏呢！"她并不是屈从命运，也不是看透了世事，而是病痛使她不再有长时间演出的体力了。实在是可悲可叹。

提起孟小冬的身体情况，这里有必要介绍一下。孟小冬本身并不是多病的体质，然而由于少年从艺，自小刻苦练习，再加上很小就四处跑码头，风餐露宿的，吃不好睡不好，因此后来得了很严重的胃病。再后来又染上了鸦片，因此身体才越来越不好的。

说到吸食鸦片，在当时也是较为流行的。鸦片很早就传到了我国，并引起了吸食狂潮，后来清政府下令戒烟，情况好转了很多，但其实那时并没有彻底杜绝。不过是慢慢演变成了有钱人的专属游戏罢了。

京剧演员中，吸食鸦片的也有不少，像孟小冬的师傅余叔岩也是吸食鸦片的。甚至还有传言说，孟小冬之所以染上鸦片烟就是因为余叔岩。不过这师徒二人吸食鸦片并不是迷恋毒品带来的那种虚幻飘渺的迷幻感，而是为了抵抗病痛。

余叔岩身体是极差的，他是那种天生多病的体质，自小身体就不好。后期更是多病缠身，甚至到了便血的地步，这也是他很少登台的原因。由于当时医疗水平较差，他只能靠鸦片来缓解疾病带给他的折磨。孟小冬也是出于同样的目的吸食鸦片的。

其实，他们不是不知道鸦片的害处，不过是疾病带给他们的那份痛苦太过难捱了。据说，孟小冬还曾经跟马连良等京剧名角儿宣传过禁烟的，可是她依然没有戒掉，这就是毒瘾的危害了。你明明知道它是伤身的，但却离不开它。

本身的病痛，加上常年吸食鸦片导致身体每况愈下，造成孟小冬早早便无法登台献唱了。这对孟小冬来说是隐痛；对中国曲艺界来说是损失；对戏迷来说则是遗憾。不过，谁也没有办法改变这一局面。

这似乎也是上天跟余派唱腔开的一个玩笑。余派起于余叔岩，可是余叔岩的身体不好，所以观众便很少能够看到他的演出。如今，他好不容易收了个徒弟，而且尽得余派精髓，可又是由于身体问题不能登台。这一当时戏迷们极度痴迷的唱腔，竟然永远也无法将之原汁原味地呈现于舞台上，实在是让人遗憾。

孟小冬回到北京不久，就有很多戏院的经理登上门来，请她去演出，还跟她说她在上海引起轰动的事情，京城的人都已经知道了，大家都等着她在京城制造同样的轰动呢！孟小冬听了之后，自然是开心的，不过虽然心情大好，依然拒绝了对方的邀请。她告诉来人，自己已经把戏服全都送人了，从此也将不再上台。

孟小冬返回北京之后，杜月笙对其非常牵挂，他总觉得这次有些对不起她。杜月笙心里非常明白，孟小冬这次来上海演出，完全是为了自己，结果不仅没有拿报酬，还因为各种小道消息被烦得不行。更为重要的是，如今孟小冬年纪已经很大了，还独自一人生活，实在是让人心疼。后来，杜月笙猛然想起，孟小冬在上海的时候，一次闲谈中偶尔提到北京那边的房子有些住不开了，当时自己还答应帮忙购置一套，由于这段时间太过忙碌，竟然将这事忘了。

他心想，我杜月笙怎么能说话不算数呢？何况，对方还是孟小冬，是自己的女人。于是赶紧派了一个自己信得过的弟兄，去北京买了一处房子，送给了孟小冬。虽然后来孟小冬在这座新买的房子中并没有住多久，不过，通过它可以看到杜月笙对孟小冬的看重。

另一个需要提及的是，孟小冬的最后一次演出不仅在上海当地取得了轰动，也让她在京剧界的地位得到了巩固和提高。孟小冬早就有了"冬皇"的称号，这称号最开始起于天津的沙大风，后来随着孟小冬在天津和北京的走红，逐渐京津两地的戏迷也都承认了这一称号。不过在南方，依然很少甚至没有人用"冬皇"来称呼孟小冬。然而，通过上海的这一次演出，孟小冬在整个南方也打响了名号，从此"冬皇"这个称号，走向了全国。而孟小冬也成了全国公认的著名京剧表演艺术家。

这对孟小冬来说，是一种褒扬和肯定，不过却总给人一种来的不是时候的感觉。在她流连于舞台的时候，人们没有给她足够的尊崇，当她离开舞台的时候，人们却一致认可了她。这份认可让人开心，但也总会给人带来一丝伤感。

不过不管怎么样，此时的孟小冬名声已经到了极致。从此，她成了中国京剧史上一位绕不开的人物了。

1948 年下半年，北京附近战事又起。面对共产党，蒋介石的国民党军节节败退，眼看战火就要烧到北京了。

这时候，孟小冬彻底慌了，她不知道自己该去哪里，也不知道自己能去哪里，整天都活在恐惧当中。而就在这时，她的结义姐姐给她来了一封信，说是已经听说北京即将发生战争的事情，希望她赶紧离开北京，去上海暂居避难。

这封信无疑给了孟小冬极大的安慰。这封信的到来，不仅解决了她将要去哪的问题，更是让她感觉到一种温暖，她从此知道，自己身处困境的时候，是有人会主动来帮助自己的。这份来自朋友的帮助给人带来的喜悦，是很多其他方式的喜悦不能比拟的。

接到信后，孟小冬就开始急匆匆地准备行李，想要赶紧去上海。然而就在这时，淮海战役打响，交通中断。孟小冬眼看走不成了的时候，上海来了两个客人。他们是杜月笙的门徒，是杜月笙派来专门接孟小冬的。原来，杜月笙早就了解了局势，知道铁路中断了，所以特意包了一架飞机，派人来接孟小冬。

孟小冬到了上海，自然还是跟杜月笙、姚玉兰住在一起。见到孟小冬，夫妻二人非常开心，也希望她能从此在上海常住。

从那以后，孟小冬安心地留了下来，成了这个家庭中的一员。这里有她的姐妹，也有能够给自己安全感的男人，更重要的是这个男人不仅能够保护她，还懂得关心她。这是孟小冬一直想要的，如今她得到了。

孟小冬终于走出了曾经那失败的婚姻给她留下的阴影。现在，她的生活很好，很开心，也很宁静。这份恬淡跟她之前的向佛是不同的。那时候，她是因为不堪外界的叨扰，刻意去寻找一份属于自己的内心清净。而如今的宁静，是生活给予的，也是她想要的，是真正能够给她带来幸福的一种宁静。

经过了这么多年，经历了这么多事，孟小冬终于找到了属于自己的感情归宿。这是她渴望的，也是她期盼的。如今，她终于得到了，她也可以安心了。

不过，生活还是要继续的，暂时安宁的孟小冬不知道等待她的到底是持续的幸福，还是继续的流离和颠簸。但对于身处彼时的孟小冬来说，这些似乎都不重要，她想要的是体验每一个当下，她渴望的是到手的每一个幸

人到中年，风韵犹在

福，并将之紧紧握在手里，将之榨干，不让一点一滴的幸福溜走。

那时的杜月笙，年岁已经算是很大了，身体也大不如前。更重要的是，随着时局的日益复杂，他需要面临的问题也更多了。这时候，上海滩早已经不是以前的上海滩了，上海滩的老大，也再没了从前那般呼风唤雨的能力。

在种种外在条件的干扰下，杜月笙变得忙碌和焦虑，最后，他病倒了。而这时候，陪在他身边的，则是姚玉兰和孟小冬，她们二人对杜月笙照顾得很周到。此时的三个人，俨然已是一个整体了。

或许，在孟小冬的心中，那一段时光应该是最为安宁的吧。如今，我们已经无从判断了，但她那一段时光，似乎确实颇为满足。

然而，孟小冬的生活注定是磨难式的。在一个和平的年代里，孟小冬这种地位的人想要安宁是非常容易的；但在那样一个动乱的年代里，孟小冬这种出身的人想要获得安宁却并不容易。即使她想要安安静静的生活，时代也不会给她这个机会。这就是动乱年代的特性，在动乱年代里，普通人有更多成为英雄的机会，但英雄却少有享受普通生活的机会。孟小冬算是那个时代的英雄，杜月笙也是那个时代的骄子。他们这样的人，注定要活在时代的漩涡中心，当发生变故的时候，第一个嗅到变故味道的，肯定是他们。首先要受到变故影响，不得不因为变故而改变自己生活的，一样是他们。

1949 年 1 月 14 日，天津解放，没多久北京和平解放。国民党节节败退，尤其是淮海战役让他们损失惨重。这个时段，不好过的不仅有身处战乱中的百姓们，身居高位的蒋介石也是一样的，他内外交困，最后被迫下野，国民党内部选举李宗仁做代理总统。

不久之后，人民解放军百万雄师过长江，攻下了国民党的老巢南京。至此，人们都知道，国民党已经败了。而此时，上海人也感觉到了战争的氛围，他们知道，自己这里也将迎来炮火。

这一切，看似与孟小冬关联不大，但却注定要对她的生活产生影响，因为她的男人是杜月笙。

1949 年 4 月 10 日的时候，蒋介石找到了杜月笙，告诉他上海可能将要失守，让他早做准备。蒋介石的意思很清楚，他希望杜月笙能够收拾东西跟自己去台湾，他还警告杜月笙说，如果继续留在上海，他是不会有好下场的。

回到公馆的杜月笙，着实思虑了一番。他很清楚目前的局势，留在上海是不大可能了，首先蒋介石不放心，更不会允许他"变节"，因为他知道的东西太多了；而且，投奔共产党也不是个好办法，自己之前一直为国民党效力，在"四一二"反革命政变中，曾经杀害了很多共产党人，这笔账可不是随便就能勾销的。虽然不久前章士钊等人曾做过自己的工作，说之前的事情可以既往不咎。但杜月笙觉得那么大的事情说了就了了，总是不放心。而如果跟蒋介石去台湾，似乎也不是什么好办法。杜月笙帮蒋介石做事已经很多年了，对蒋非常了解，深知蒋介石的为人，用得到自己的时候，总是极力拉拢，用不到了就一脚踢开。这些年已经吃足了老蒋的苦头，实在不想继续跟着他了。

最后，杜月笙决定，走是一定要走的，不过不是去台湾，而是去香港。

第二章　随杜迁港补行婚礼

　　杜月笙是上海大亨，不过他跟其他几位上海大亨还是不太一样的。首先，他有民族气节，不仅没有像张啸林那样公开投敌、做了汉奸，反而积极参加了抗日运动。

　　那还是许多年前的事情，杜月笙跟黄炎培等组织筹建了上海市抗敌后援会，帮助抗日活动募集了很多捐款。之后，又组织了抗日民间武装，多次配合正规军作战，他还曾命自己的手下协助军统刺杀了上海的大汉奸，也是自己多年的兄弟张啸林。

　　后来，杜月笙又帮蒋介石做了很多事情。战乱爆发后，杜月笙曾经有一段时间因故离开了上海。直到1945年抗战胜利，他才重新回到上海。

　　那时候，杜月笙以为自己帮助抗战出了这么多的力气，也帮蒋介石做了许多的事情，如今胜利了，蒋介石自然应该不会太亏待自己的。而且，当时也确实有消息说，蒋介石打算任命杜月笙为上海市的市长。

　　虽然觉得蒋介石会优待自己，但这个消息杜月笙是不大信的。多年的青帮生涯，杜月笙对人性早已了如指掌，而且分析局势的能力也高出常人很多。他明白，抗战胜利了，上海的各个租借也随之消失了。这种情况下，上海的动荡也就结束了，届时，权力自然会集中到政府的手里。这样，他的那些手下，即黑社会便失去了存在的土壤，甚至成了政府要清扫的对象。之所以如此，在于国民党自己手里有军队，因此，即使杜月笙的兄弟们愿意替国民党出力，且能够帮他们将上海管理得更好，人家也未必用。谁会跟一群名声不好的人打交道呢？何况是在自己有能力统治的情况下。

　　杜月笙知道，他呼风唤雨的时代过去了，自己再也不会有那般的辉煌了。果然，事情不出杜月笙所料，不久蒋介石政府就宣布了上海市长的任命书，上面的名字不是杜月笙。然而，让杜月笙没有想到的是，自己还是太过乐观了。

　　他还没到上海的时候，上海北站就有人打出了标语，说要打倒社会恶势力，并把他定义为社会恶势力之一，这是杜月笙怎么也没有想到的。他知道，凭借自己的功劳，当个上海市长也未尝不可，但蒋介石出于现实的考虑不会给他这个职位。但不管蒋介石怎么出于现实考虑，还是会给自己一些甜头和奖励的。没想到对方不仅没给奖励，反而给了自己一个下马威。

　　杜月笙在青帮混了那么多年，自然耳目众多。在途中，他就知道了上海北站的情况，于是为了避风头，他临时改为去南站下车。这一次，又让他吃了一惊。他以为就算蒋介石不优待自己，不给自己一个好的位置，凭借自己在上海这么多年的努力，总会有些人来给自己接风的。结果，车站冷冷清清的，一个政要都没有。

　　这一连串的事情，让杜月笙很是生气，也很不安，他不知道前方等待他的到底是什么。直到最后他才知道，自己遭受的

杜月笙杜氏家祠落成摄影留念

这一切冷遇，都是他曾经的门生吴绍澍在捣鬼。

吴绍澍曾经是杜月笙的徒弟，在他手下混了十年。后来，他投靠了国民党，立了功，抗战后很是辉煌了一把，竟然做了上海市政治军事特派员、上海市副市长等职位，最多的时候身兼六职，可谓是红极一时。

吴绍澍非常懂得揣摩人心，他知道蒋介石虽然利用青帮，但骨子里是不喜欢青帮的。对于青帮，蒋介石真正的用意是，消灭掉。只不过现在还不是时候而已。因此，吴绍澍就制定了策略，他首先要远离杜月笙，这样可以撇清嫌疑，之后要扳倒杜月笙，这样既可以立威，又能在蒋介石那里获得嘉奖。

制定了策略后，吴绍澍便开始了一系列打击杜月笙的活动。他抓了杜月笙身边的很多人，后来甚至变相扣押了杜月笙本人。最后，杜月笙被迫出了很多钱，才赎回自由身。

然而，杜月笙毕竟是杜月笙，他从最底层做起，几年时间就能成为上海滩的老大，不是没有道理的。如果不具备过人的能力，怕早就被人给灭了。

杜月笙在上海待了一段时间后，便摸清了局势，于是开始韬光养晦，慢慢等待机会的到来，同时也开始暗中运作，利用自己之前的关系，在背后打击敌人。他通过戴笠的关系找到了吴绍澍犯罪的铁证，呈给了蒋介石，最后成功扳倒了吴绍澍。

　　彼时，正是国民党跟共产党交战之际。蒋介石领导的国民党节节败退，他个人面临的压力也越来越大。为了挽救政治危机，蒋介石在上海施行了财政经济紧急措施，开始打击各个巨商、富户等。杜月笙是上海的大亨，他也明白，很多人将他看成是上海各种复杂局面的总根源，这一次蒋介石的行动中，自己肯定已经被列为打击对象了，怕还是重点打击对象。于是，他赶紧命令自己的大儿子杜维藩将手下的维昌证券关闭，之后去北京躲一阵。然而，杜维藩虽然躲过了审查，但杜月笙的三儿子杜维屏却被查办了。

　　这件事让杜月笙很是恼火。他想，我已经退到这种地步了，你们还是要办我，那就来个鱼死网破吧！被逼急的杜月笙在由蒋介石的儿子蒋经国召集的上海巨头会议上公开发难，说道："我本是坏人，可是总统先生执政以来，一直将我当做好人，我个人深感其恩，从那以后也便没再做过坏事。我儿子的事情，想必当局会调查清楚，给我们一个信服的答案。不过我要说的是，扬子公司的物资是上海滩首屈一指的，希望特派员能够一视同仁，也去查查，这样才能服人心。如果特派员找不到他们的仓库，在下可以派人担任向导。"说完之后，就以身体不适为由离开了。

　　杜月笙所说的扬子公司是孔祥熙的长子和二女儿合开的。杜月笙的这段话，很快就传遍了上海滩，大家都佩服他的机智，也在观望政府最后将如何处理。蒋介石也很快就听说了这件事，他一看，竟然查到自家人身上了，这怎么能行，便马上命令蒋经国，让他不要蛮干，要讲究些策略。没多久，杜维屏被释放了。

就这样，杜月笙可以说一直在夹缝中生存，靠着自己多年的"手腕"还维持着一个上海滩老大的体面，不过为了这个所谓的"体面"，要操多少心只有他自己知道。

如今，蒋介石要完蛋了，却突然对杜月笙好起来了，并主动为他安排后路，想让杜月笙跟他走，杜月笙自然要好好想想。

蒋介石的变化无常，让杜月笙心里没底。而他跟共产党那边实在是结怨甚深，虽然共产党说不会追究，但杜月笙心里总是没底儿。最后，他选择了两不相跟，不留在上海，也不去台湾，他的目标定在了香港。

当时的上海，不仅杜月笙存在去留的问题，其他人也一样。杜月笙的老大哥，亦是朋友、亦是对手的上海滩另一位老大黄金荣，也面临着同样的问题。杜月笙听说黄金荣一直没拿定主意，一会儿要走一会儿又不走的，便去劝他。

杜月笙给黄金荣分析了当时的局势，并告诉他自己这些青帮大佬所处的位置，最后给他建议，让黄金荣跟自己一道去香港。不过，黄金荣并没有接受杜月笙的劝告，他跟这位曾经的老弟，后来的对手加朋友推心置腹地说了一番话。

黄金荣说自己跟杜月笙不一样，虽然杜月笙也算是一个老人了，但毕竟只有六十岁，而他已经八十了。到了这个年纪，其实已经没什么太多的牵挂了，所以生死也就没所谓了。更为重要的是，黄金荣说自己这一辈子该经历过的都经历过了，已经没什么遗憾。他自从六十岁开始，活着的唯一乐趣就是抽上几口大烟，去澡堂子泡个澡，再者就是跟人打打牌。这几样在香港都是满足不了的，那里抽大烟会被抓，找不到人打牌，也没有澡堂。对于一个已经活够本的人来说，这些比多活几年更打动人。而且，他这一把年纪了也不想再去折腾，落叶归根挺好的。

杜月笙听了黄金荣的话，便没再劝，他知道这位老哥哥说的都是实话。从黄金荣的话中，他也想到了自己，怕是要客死他乡了。

不过这番话也确实让杜月笙感慨万千。昔日自己和张啸林一起跟着黄金荣闯荡。后来依靠个人的努力，自己和张啸林也都开门立户，成了与黄金荣并肩的老大，三个人称霸上海滩。可是，随着时局的动荡，张啸林当了汉奸，并被自己亲手除去。如今，自己则要远逃香港，而带自己进门的黄金荣，现在也成了一个迟暮的老人，唯一的想法就是在安静中死去。对于曾经叱咤风云的人物来说，这个结局无疑会给人带来极为复杂的心情。

不过，不管心情如何复杂，不管如何感叹生命无常，日子还是要过的。家人都在身边，老朋友也见了，杜月笙再无牵挂，便决定择日出行，奔香港。

本来，杜月笙是想坐飞机去香港的，快捷、便利，可是医生说他如今健康状况不佳，怕是坐不了飞机，最后无奈只能乘船而去。

当时，由于急于逃出上海的人实在太多，船票非常紧张，想买一张票简直难如登天。而杜月笙是全家搬迁，妻子儿女、朋友佣人一大群，所以即使他这样的大亨，也只能买到座位分散的票，无法让一家人聚到一起。

航行期间，孟小冬、杜月笙和姚玉兰合住一间头等舱。舱内有两张紧挨着的单人床和一个三等床位。孟小冬和姚玉兰商

量，两个人轮流照顾有病在身的杜月笙，约好每人几个小时，
时间到了就相互替换，另一个人去三等床位上休息。就这样，
两个人一路照顾杜月笙直到船抵达香港。

由于出行仓促，杜月笙在香港买的房子并不理想。其最大
的问题就是挤，本来杜月笙就有好几个老婆，一大帮儿女，何
况还带了些昔日的兄弟和仆人一起出来，人就更多了。小一点
的房子自然装不下这许多人，可又没有太多时间选择，只好随
便买了一所先住下。对于那些仆人，或许这样的房子也是没什
么的，可是对于孟小冬这种在北京住惯了独门独院的四合院的
人，自然觉得简陋又不方便。

不过，孟小冬并没有抱怨，反而很是知足。她当然会在意
房子的舒适度，但跟这个比起来，跟谁在一起，显然更为她看
重。如今，能跟爱自己，自己也爱的人整天生活在一起，稍微
简陋一点又算得了什么呢？

那段时间，孟小冬的主要生活内容就是照料患病的杜月笙。
而唯一能够让她放松一下的，就是每周五在杜府举行的清唱雅
集。这一天，一些至亲好友都会来到杜府聚会，其中有钱培荣、
赵培鑫、朱文熊等一众京剧演员。当时的琴师也都是有名的高
手，像孟小冬后期的专用琴师王瑞芝便是其中之一。

这些人聚在一起，自然是除了唱戏还是唱戏。每次的雅集，
孟小冬自然是主角儿，她算得上是余派的唯一正宗传人，又是
大江南北统一认可的京剧"冬皇"，不仅名气大，功夫也好。更
为重要的是，她很少出现在正式演出当中，所以，能够听到孟
小冬的戏，不仅是戏迷们的愿望，也是这些著名票友、京剧艺
术家们的愿望。

而这些人的到来，也让孟小冬觉得生活充满了乐趣。

　　日子就这么平淡地过着，孟小冬每天的生活就是跟姚玉兰一起，照顾杜月笙的饮食起居，周五的时候则跟一众梨园界的朋友们吊吊嗓子，唱唱戏。虽然平淡，也算温馨，毕竟身边都是自己喜欢的人，做的也是自己喜欢的事情。

　　然而，杜月笙毕竟已经是一个六十多岁的老人了。而且，昔日的辉煌不再，也让这个曾经不可一世的大亨平添了几分惆怅。在这些消极心理和疾病的共同作用下，杜月笙的身体越来越不好了。

　　1950 年 5 月，杜月笙的病更重了，他只能躺在床上，靠着吸氧气维持身体的运转。可是，即使这样依然不时地喘个不停。而孟小冬则始终陪在他的床边，替他换洗衣服，不时问冷问热。

　　过了差不多一个多月，杜月笙终于好些了，不再那么喘了，他在鬼门关又走了一遭，还是没有进去。不过，此时的杜月笙已经瘦得皮包骨头了，甚至有些让人惨不忍睹。

　　可以说，在杜月笙晚年，唯一让他安慰，能给他提供动力的，便是孟小冬的陪伴和服侍。杜月笙以前曾经帮助过孟小冬无数次，可是他心里明白，相对于孟小冬在自己身上的付出来说，自己曾做过的，根本不算什么。杜月笙的一生，成就过无数人，那些跟着他的小弟，很多都出头了，过上了好日子。唯一

孟小冬与晚年杜月笙

一个跟着他没有享过福的，便是孟小冬了。自从她正式定居杜家之后，杜家的境遇便每况愈下。这还不算，杜月笙的身体也一天不如一天。孟小冬来到之后，所做的就是整天给杜月笙熬药，侍候他的起居。杜月笙曾经的繁华，她未得到一点；但杜月笙此时的落寞，她却全部承担了。

对于一个人来说，得意时有人来到他的身边，会让他高兴，但失意时依然有人来到他的身边，则会让他感动。同样，对于一个人来说，当别人得意时靠过去，是大家都愿意的，当那人彻底失意的时候再靠过去，则是很多人不愿意的。

正是因为这个原因，杜月笙很感激孟小冬，同时，他也觉得自己辜负了这个一世名角儿的感情。

在杜月笙面前，孟小冬一直表现得很得体，她整天带着微笑，为的就是给杜月笙一个好的心情。不过杜月笙明白，孟小冬很苦，这从她那日渐消瘦的面容就能看出来。杜月笙更觉得自己欠这个女人太多了。

不过，杜月笙口头上却从未表达过。之所以这样不是他不好意思说，也不是他不想说，而是他深知孟小冬的个性。孟小冬是一个个性十足的女子，她与生俱来的刚强赋予了她高傲的本质。可以说，孟小冬是从未低过头的，不管是面对具体的苦难，还是面对那不可触摸的人生，从未认输过。她这种性格的人，最难以忍受的便是别人表示出的同情和怜悯。

正是知道孟小冬的这种个性，杜月笙才不敢贸然开口，不过他的内心中是怀有深深的歉意的，他一直想为孟小冬做些什么，可是自己现在的样子，又能做什么呢？他唯一能做的就是用敬爱的心，去面对这个爱自己，自己也深爱着的人。

孟小冬平时是个较为安静的人，她自从进了杜家的门之后，一直都是不问任何事的，只是默默地照顾杜月笙。在杜家，她算是做的多说的少的，却从未抱怨过，也没有表露过不满足或者是想要向往更好。不过在她43岁生日前夕，孟小冬却反常地说了一句话，这句话让杜月笙很受触动。

当时，杜家刚搬到香港不久，他觉得，香港虽好但未必是能够久居之地，所以有将全家移民到美国的想法。从香港去美国，可要比从上海去香港麻烦多了，第一就是要办护照。当时，杜月笙默默计算了自己想要带上的人，然后说估计要办27张护照。这时候，当着众人，孟小冬看似无意地说了句："我也是要跟着去的，可是算什么身份呢？是丫鬟还是女朋友啊？"

这句说完，众人都有些惊讶，不知道该怎么去接话了。而受触动最深的，自然就是杜月笙了。他突然想起来，孟小冬自从进了杜家的门就一直在付出，可自己竟然连个名分都没给她，实在是太不应该了。于是，杜月笙下了决心，要给孟小冬一个名分。

想到这里，杜月笙开口了，他当着众人说，自己要与孟小冬尽快成婚。其实，之前没说，并不是他没有这个打算，而是碍于各方顾虑。第一，当时正值战乱，又是杜家最为困难的时候，举办婚事，不大合适。再者，自己已经重病在身了，也不好开这个口。这一次，听见孟小冬竟然说出这样的话来，杜月笙明白，这件事孟小冬

孟小冬正式嫁给杜月笙

十分看重。自己一直以来就想为她做点什么，在这个时候，如果继续装聋作哑，就有些太说不过去了。

当时，家人中也有些是反对的，理由跟杜月笙之前的顾虑是一样的。他们觉得，杜月笙和孟小冬已经有了夫妻之实，而且这个家中的每个人也都认同孟小冬的地位，再去举行婚礼没有必要。不过这次杜月笙是下了决心的，根本不听别人的劝告，执意要跟孟小冬举办一次婚礼，给她一个正当的名分。

由于杜月笙本身有一位已经过世的原配夫人，又有三位填房，所以原则来讲，举行仪式是不大合规矩的，而且当时杜月笙的身体状况也不太好，出门极不方便。最后，便折衷在杜家公馆举行一个仪式，只请一些至亲好友来参加喜宴。

虽然场地有限，但杜月笙对宴席的要求却很高，他执意要弄最好的酒宴，最后，派人渡海去了九龙，将九龙地方最好的九龙饭店的大厨都拉来杜家，亲自下厨。而且那天杜月笙坚持带病陪客，以表示自己对这一仪式的看重。杜月笙的这些做法，都表明了他看重这次婚礼，更是看重孟小冬。而孟小冬看着自己这位已经 63 岁的新郎官，也露出了久违的笑容。

这是一个迟来的婚礼，虽然它姗姗来迟，却异常闪亮。在那种条件下，杜月笙坚持用如此的规格，甚至比杜月笙辉煌的时候请来上海所有的政要都让人动容。

孟小冬满足了，对杜月笙，她从此无遗憾。接下来的事情，自然就是平平淡淡过日子了。这之后的日子孟小冬过得更加舒坦。这份舒坦不是因为肩上的担子轻了，而是心中的失落和遗憾没有了。一个人没了心事，自然就更加快乐。

年老失意，是最让人难受的。而杜月笙所处的正是这样的一个境地。所以，他的心情一直都不好，这又反过来加重了他的病情，更多的病痛，又导致他情绪的进一步低落，这好似一个死循环，缠绕着他、折磨着他。

最终，杜月笙挺不住了。在一个宁静的早晨，这个曾经不可一世的上海大亨，安静地立了一份遗嘱，之后便离开了人世。

第三章　在港授徒为国献艺

　　孟小冬本身的悲剧，大都源于时代。她所处的时代中，女性演员可以取得成绩，能够获得戏迷们的认可，也可以称王称后，但却少有人生的自由。像梅兰芳也是京剧演员，但他可以娶好几房太太，他也能在舞台上唱一辈子戏。孟小冬则不行，跟梅兰芳结婚之后，她就要放弃舞台，这是时代的局限。

　　时代强加给女性的束缚，只能随着时代的消逝而慢慢消失，它不会因为某一个人而改变。所以，当孟小冬决定嫁给杜月笙之后，她也将第二次面对那个问题，即从此不能再登台演出了。从种种迹象中可以看出，孟小冬是做好了这个准备的。

　　由这一点，可以看出孟小冬对杜月笙的看重，也能看出她个人心态的变化。前文曾经提到过，在要跟梅兰芳结婚的时候，孟小冬就曾思考过这个问题，那时候她是不甘心，也不情愿离开舞台的。不过这一次，显然是她自己做的决定。这说明，她更珍惜眼前的这份感情，同时，随着年岁的增长，她也逐渐看淡了人生。

　　不过，虽然离开了京剧舞台，但孟小冬却并没有离开京剧艺术。她只是不上台表演了，并不是从此不接触京剧了。前面说过，孟小冬到香港之后，也是经常组织、参加一些票友雅集的。这算是她刚到香港的时候，与京剧仅有的联系，因为那时候的孟小冬事情很多，她要照顾生病的杜月笙。

杜月笙离世之后，孟小冬自然就没有那么忙了，也没有那么累了，但同时，也没有从前那般开心了。毕竟，她失去了自己的最爱。而且，她的好姐妹姚玉兰去了台湾，也没有人陪她了。

这时候，唯一能够给她带来快乐的，自然只有京剧了。那段时间，孟小冬的家俨然成了京剧票房，她的那些老朋友，王瑞芝、郭晓农、钱培荣等经常去她那里吊嗓聊戏。

时间久了，自然有人劝说孟小冬登台，不过都被她婉拒了，她不想背弃曾经的诺言。但是，在众人的不断劝说下，她做了另一个决定，就是开始收徒弟了。

1952 年的春天，在孟小冬的家中，由孙养农举香，孟小冬正式收钱培荣和赵培鑫为徒。收徒那天出了一个小插曲。就在仪式进行当中，孟小冬的私人医生吴必章忽然跑到了钱培荣和赵培鑫中间，也朝着孟小冬叩了一个头。孟小冬感他心诚，便收下了他。不过，由于他没拜祖师爷，仅仅拜了师父，所以算是半个徒弟。

孟小冬是一个热爱京剧的人，也是想要为京剧做些事情的人。她继承了师父的衣钵，也继承了师父的收徒方式，极为严格。不过，师父再严格，也要徒弟肯学才可以。在她早期收的这几个徒弟当中，赵培鑫就属于那种不太肯学的。他学了几段戏之后，便觉得自己已经可以了。于是日渐骄纵，开始把自己当回事儿了。有人曾经问他唱得到底是哪一派，属余派还是马派，结果赵鑫培牛气十足地说自己唱得是赵派，俨然已经把自己当成一代宗师了。孟小冬得知了赵鑫培的一系列所为，极为不满，最后将他一顿训斥，并责令他不许再进门。而那半个徒弟吴必章也没学多少。他是一个医生，不是专业的京剧演员，拜师只是因为爱好京剧。不过，好在钱培荣是一直跟随孟小冬学戏的，而且学得极为认真。他跟随孟小冬学了差不多七年，是孟小冬在香港期间教授过的时间最久的学生。

钱培荣有一个习惯，他每次去听课都要拿上录音机，将老师所讲的内容录下来，等到回家的时候没事就放出来听，之后仔细揣摩。更为难得的是，后来孟小冬迁居台湾，钱培荣依然坚持请教。因为不能上门了，他便把自己平时唱的录下来，每两个月去台湾一次，放给老师听，让老师指教。这份努力和认真，实在是一般人做不到的。更让人感动的是，钱培荣不仅学习认真，也极懂得感恩，他自从拜师孟小冬之后，坚持每个月拿出一部分薪资孝敬老师，一直坚持到孟小冬离世，实在是让人敬佩。

孟小冬在香港的时候，正式收的徒弟不多，但得到她指点的却不少。概因她家是京剧演员及票友们的集散地，人们常常在此聚会聊戏，说到兴头上，孟小冬自然会给上一些建议。

在这些从孟小冬处受益的人中，值得一提的是辜振甫先生。他从小就非常喜欢京戏，早年间也曾到北京和上海专门学过一段戏曲，甚至还曾拜余叔岩为师。算得上是一个发烧友级别的爱好者。1949年底，辜振甫携新婚夫人由台湾去香港避祸。期间他曾经请教过琴师王瑞芝，跟他学习余派唱腔。后来，王瑞芝将他介绍给了孟小冬，并拜入师门。

孟小冬是很喜欢这个徒弟的，不仅因为他是真正爱京剧的，更是因为他有很深的思考。据传，有一次孟小冬授课的时候，曾经问自己这个年轻的学生为什么喜欢京剧。辜振甫思考了一下，回答道："我觉得，京剧不仅是一种表演艺术，还蕴含着很多其他的东西。像我国的传统习俗、历史、礼乐教化等都在里头。"

对于这个回答，孟小冬极为满意，能从一个年轻人的嘴里听到这种话，是她所没想到的。

那之后，孟小冬对辜振甫格外上心，还手把手教他自己的拿手戏《洪洋洞》。后来，辜振甫为台湾和大陆的交流做了很多贡献，是当之无愧的传统继承者，一直为两岸往来而努力。

在香港期间，孟小冬收的徒弟除了上面提到的几个之外，还有知名票友李相度、丁存坤、张雨文等。这些人从孟小冬的身上学到了余派唱腔的精髓，并将之发扬，让余派在海外获得了极大的影响力。有人曾说，余派的唱腔乃是余叔岩自创，但真正让它拥有影响力的，却是孟小冬。

确实，余叔岩是伟大的，他是门派的开创者，不过由于他所处的时代正是京剧的辉煌期，各路英豪太多，大家各显身手，也各有特色。虽然余叔岩自成一派，算是其中的佼佼者，但其他人跟他差距并不是太大，因此虽然轰动，却还没到一览众山小的地步。更为重要的是，他身体

辜振甫先生

不好，真正教授的徒弟很少，能够掌握余派精髓的，更可以说仅有孟小冬一人而已。而孟小冬，也跟余叔岩一样，由于身体原因很少登台。这样，余派名气响亮，但实际演出少，因此虽然很多人知道它的名气，也很向往，但实在很少有机会听到正宗的余派。

到了孟小冬在港的时候，京剧已经不如之前兴旺了，那些名气极为响亮的大家也都相继离世。尚在的人中，也只有孟小冬和梅兰芳这两个人。这时候，对于他们所在的流派，人们自然关注甚多。而且，虽然余叔岩的余派跟其他派别来比占优势，但并不占压倒性优势。可传人中，其他派别跟余派的孟小冬比起来，却是不可同日而语的。更为重要的是，孟小冬经常参加各种雅集，那些有话语权的人都来听她唱戏，更是愿意宣传她。因此，余派便慢慢以压倒性的优势流传开来了，这是其他如马派等所不能比拟的。

其实，当时很多人对孟小冬都有一个建议。觉得以她的身份、地位和艺术造诣，已经有资格称"孟派"了。是啊，像赵培鑫都会跟别人公开说自己唱的是赵派，孟小冬这个级别的人物，自称孟派自然更无不可。

不过孟小冬却一直拒绝这么做。她觉得，论艺术造诣，自己还不如师父余叔岩，论唱腔中的创造性，自己也不如师父余叔岩，更重要的是，余叔岩对艺术的认真和挚爱，是她所一直尊重的。所以她觉得将师父留下来的东西传下去才是自己最应该做的，相对这个而言，自身的名声之类的还在其次。

这是一个京剧艺术家的情怀和责任，更寄托了她对恩师的情谊。

新中国成立之后，由于大局逐渐稳定，国家开始了对文艺领域的关注。这时候，很多流落在外的艺术家都在周恩来总理的统战政策感召之下，回了大陆。其中，京剧领域内的马连良、张君秋、杨宝森等都回了大陆。孟小冬是京剧冬皇，余派唯一的真正传人，自然也是被争取的对象之一。而且，她是周总理极为看重的一位。

为了能够让孟小冬答应回大陆，周总理曾经派姜妙香、章士钊等人多次赴香港做她的工作，还答应她如果回归大陆可以让她去戏校教戏，将这门艺术发扬光大，也可以帮她拍摄京剧类的舞台艺术片。

当时，人们觉得孟小冬是一定会回来的，因为不仅政策对她极为优待，那时候孟小冬的老母亲张云鹤女士也在北京生活。确实，孟小冬自然也有落叶归根的愿望，不过她最后依然拒绝了。

之所以如此，是因为她考虑到了诸多不便。那时候，梅兰芳已经成为了中国戏剧研究院的院长，是中国戏曲舞台上绝对的领军人物。如果孟小冬回去的话，不管是工作上还是平时人际交往上，想要真正避开梅先生怕是很难。而她又不想经常跟这位曾经的爱人相见，不是彼此有怨念，而是太为尴尬。第二，孟小冬毕竟跟马连良他们不一样，她是杜月笙的太太，而杜月笙曾经对共产党做过什么，她是清楚的。因此，虽然大陆方面承诺不追究，但孟小冬到底还是没底儿。还有就是她如今年岁已大，身体更是大不如前了，像现在这样偶尔在雅集上唱几句还行，如果担任日常的教学任务，身体是吃不消了。

正因为有这些顾虑，所以孟小冬最后婉拒了大陆方面的好意，执意留在香港。

不过，孟小冬毕竟是生在内地，长在内地的，她虽然有诸多顾虑不愿回来，但对内地的感情依然是在的。她经常关注内地京剧事业的发展。当时，内地排的昆剧舞台艺术片《十五贯》曾上映香港，孟小冬竟然一反常态，不顾虚弱的身体，前后一共到影院看了 15 场之多，而且给予了高度的评价。

1963 年的 4 月，京剧名角儿马连良、张君秋等率领北京京剧剧团去香港演出。这次演出中央方面很是重视，赴港之前，每次排练的时候，周总理都会到场，亲自审看演出剧目，并时常跟大家交谈，问还有什么问题，哪些是需要他配合的，一定会给予支持。此外，剧团临行前，周总理的爱人邓颖超大姐还在家中设宴，亲自为主要演员们饯行。

就在饯行宴上，周总理又一次提到了孟小冬。他说自己曾经看过孟小冬的戏，极为好看，并跟马连良先生说，这次去一定要想办法跟孟小冬见上一面，做做她的工作，即使她不能回来唱戏，也要跟她商量一下，录录音也好，像孟小冬这样的艺术家，是应该有作品传世的，不然太过可惜了。

内地剧团来港演出，这自然是大事，孟小冬肯定是知道的，而且来的多是她的老朋友，她就更为关注了。在港演出期间，演出团的主要成员马连良先生等人，曾宴请孟小冬。席间，马连良说了周总理的意思，又一次向孟小冬发出了邀请，想让她回大陆唱戏。孟小冬没有立即答应，而是说自己会考虑。这时候马连良先生见孟小冬气色甚好，精神也佳，便说即使不能立即回去，灌几张唱片也是好的。孟小冬对这个提议很是感兴趣，说会好好考虑。

最后，孟小冬思虑再三，给出了自己的想法。她说，大陆方面再三邀请，让她倍感荣幸，可是由于身体等原因，实在无法登台唱戏，所以暂时没有回大陆的打算。至于灌唱片，她也觉得没多大意义，原因是她的恩师余叔岩先生有 18 张唱片传世，自己的手艺都是从师父那里学来的，两人演出相差无几。如果再灌制唱片，会有一定的重复。不过，虽然这两样她无法完成，但孟小冬说自己对拍摄电影很有兴趣，如果大陆想就这方面跟她合作，她一定配合。

不过孟小冬提了几个条件，分别是指定了一些演员和乐队配置，还有就是她希望剧组人员能够在影片摄制之前先到香港，他们一起排练，之后再行拍摄，为的就是彼此有一个磨合跟默契，好拍出更好的片子来。

大陆方面对她提出的几个条件是表示理解的，并且说前两条绝对没有问题，但第三条需要向上级请示一下。

概因当时大陆正处在自然灾害期间，财政有些困难，而让剧组人员提前到香港排练，需要很大一笔经费，批示上可能会有困难。

就这样，这件事暂时搁置了下来，后来又由于种种原因，为孟小冬拍摄影片的计划迟迟未能施行，最后竟不了了之了。

从这一系列事件中可以看出，孟小冬对大陆是有很深的感情的。不过，她好像依然没有走出曾经生活的阴影，因此有太多的顾虑，以至于大陆之行始终没能实现。但她想为大陆的戏迷献技是真实的，可惜并未成功。这是大陆亿万戏迷的损失，亦是整个中国京剧界的遗憾。

第四章　十年台北凝晖遗音

　　1967 年春的一天，孟小冬、姚玉兰这对已经差不多 15 年没有联系过的异姓姐妹，通了一次电话。那通电话是孟小冬打给姚玉兰的。彼时，孟小冬在香港，姚玉兰在台湾。

　　在电话中，孟小冬告诉姚玉兰，最近有一个她们共同的朋友来找过她，跟她说有个生意，肯定能赚大钱，想要孟小冬给他投资，结果被孟小冬拒绝了。不过孟小冬听说那个人要去台湾找姚玉兰借钱，孟小冬觉得这个人不靠谱，所以她提醒了姚玉兰一下，要小心，不要上了别人的当。同时，她也说道，我们姐俩虽都有些私房钱，但也都有限。吃穿用度是够了，但经不起折腾，如果投入生意中，赚了自然好，万一赔了，日子就难过了。姚玉兰想了想，觉得有道理。同时，她也很开心孟小冬能够给她打这个电话。她们之前是好姐妹，后来杜月笙去世的时候，闹了点小矛盾，便不联系了。

　　其实，两个人心中也都是有对方的，不过都不好意思开口。这次孟小冬借着提醒姚玉兰打了这个电话，其实也有另一个意思，就是委婉地告诉这位姐姐，她想要和好了。

姚玉兰自然明白孟小冬的意思，她也是早就觉得两个同甘共苦的姐妹不应该这么冷战着。不过是碍于情面不好开口罢了，这次也正好趁着这个机会就坡下驴。于是，她们又和好如初了。

姚玉兰觉得，如今两个人年岁都大了，身体也都不太好。如今已经不比从前年轻的时候了，应该找个能够养老的地方了。而她认为，台湾是比香港要好些的，因为毕竟当初杜月笙死后，杜家人去台湾的比较多。而且，这边是蒋介石的老巢，蒋的部下大都在这边。而这些人中，有很多曾经是跟杜月笙交好的，也能照顾下她们。于是，和好之后，她便经常给孟小冬打电话，劝她到台湾跟自己一起生活。

最后，孟小冬接受了姚玉兰的邀请，并于 1967 年 9 月，去了台北，从此在那边定居。

孟小冬到台北的时候，还发生了一个小故事。孟小冬搬家的时候将自己养的三条狗也带上了，装在了一个木笼里。根据当时的规定，这是不允许的。因此受到了海关人员的阻挠。就在争论的时候，去接孟小冬的陆京士等人到了，他们明白了事情的经过之后，便去跟海关人员交涉。

结果海关人员不给面子，说这种行为是违反规定的，谁都不可以。后来，陆京士在聊天中告诉对方，来者是我国有名的京剧"冬皇"孟小冬，这才得到了放行。原来，孟小冬的出入境证明上，写的名字是孟令辉，所以海关人员不知道自己阻挠的这个人就是孟小冬。当他们知道是京剧名家孟小冬之后，便乖乖放行了。而且，还给孟小冬举行了一个小小的迎接仪式。从这个插曲中可以看出孟小冬的名气，也能看出她的影响力。更是能够看到，在台湾孟小冬也是有着极大的市场的。

孟小冬定居台北的消息很快就传了出去。由于她名气太大，很多人都来拜访，其中更是不乏各界名流。像想要采访她的记者，要请她登台的一些演出队领导，以及有些梨园同行请她赴宴等，络绎不绝。不过基本都被孟小冬辞谢了。

孟小冬之所以如此，最主要的还是身体原因。她本来身体就不好，又染上了吸食鸦片烟的习惯，因此更加孱弱了。对于这些社交活动，实在是应付不来。索性就一并推掉，在家静养。

不过，虽然不参加各种社交活动，但对于那些京剧爱好者她还是欢迎的。当时，有很多爱好京剧的人都会去她那里，想求得她的指点。如果当天身体好，而且对方确实是有些基础的，孟小冬便会认真指教，给对方一些指点。至于那些一看就是没诚意，不过是来见见名人的，则三两句话就打发了事。

孟小冬刚到台北的那几年，生活是很惬意的。开始的时候，姚玉兰和杜月笙的二女儿杜美霞都跟孟小冬生活在一起，平时会给她很多照料。尤其是杜美霞，简直就像是孟小冬的亲女儿一样，对她照顾得无微不至。后来，孟小冬自己租了一处房子，不过跟姚玉兰她们相隔不远。而姚玉兰和杜美霞则几乎每天都要来孟小冬这里坐一会，一年三百六十五天，几无间断。

后来，提起那段日子的时候，孟小冬依然很是怀念，她说："真的好奇怪，她们只要来，我就会很开心，哪怕是一句话不说就坐在那里，我也觉得心情好。如果他们谁都不来，我就感觉不自在，像是不知道日子该怎么过了一般。"

那段时间，孟小冬的精神也很好，经常跟朋友们打打牌、玩玩麻将之类的，有时候则给人指点些戏。实在没事就练练书法，后来孟小冬还跟人学习太极拳等，用来锻炼身体、打发时间。

后来，孟小冬又多了一个习惯，每晚都会念一会儿经文。她年轻的时候，就曾信奉佛教，早就是个佛教徒了。不过这些年由于各种杂事太多，沉下心来念经的机会早已没有从前那么多了，这下有了时间，就将这个又捡了起来。

孟小冬在台北的那几年是很平淡的，最多也就是跟一些京剧爱好者们聊聊戏，因为身体的原因，她已经很少开口唱了。平时戏瘾上来，也只能是用低调门吊吊嗓子，早已经没了年轻时的风采。不过，一个人年轻时的风采或许更加可爱，但老来的恬静也是别有一番魅力的。

孟小冬的魅力，在于她的经历让她看透了人生，也看淡了人生。对于所谓功名利禄，她早已经不去挂怀了，唯一能够引起她的兴趣的是京剧艺术。除此外，她的追求就是平淡。

不过，随着年岁的增大，京剧也渐渐无法引起她的兴趣了。不是她不想唱，而是常年的咳嗽、气喘，让她开不了口，在病痛的作用下，唱戏给孟小冬带来的不是愉快而是痛苦。

这一段时期内，孟小冬便很少出门了，运动对她来说，已经成了过分的奢侈。此时，她最大的爱好就是待在家里看电视。从屏幕中，为自己寻找快乐，打发时间。据传，孟小冬的家里有两台电视机，有时候她会将两台电视都打开，同时收看两个不同的节目。在电视节目的选择上，孟小冬是比较随意的。京戏她自然会看，也是最爱看的，但其他如电影、话剧以及一些娱乐节目等，她也都常看。有时候，看电视里的某些演员唱歌，她还会点评这个唱得好，那个在动作或咬字上有些不足等，都会说出来。心情好的时候，孟小冬还会对一些知名的影视歌星进行模仿，引得宾客们大笑。

孟小冬晚年的时候，由于受病痛折磨，过得其实是很痛苦的。不过天性坚强的她却很少表露，而且还会用各种形式为自己找乐。这就是孟小冬，一生倔强。

1976 年，孟小冬已经是 69 岁高龄了。对于这样一个大人物，身边的人自然是关心的，所以大家都觉得应该为她老人家庆生，办一次大寿。一般来讲人们常说七十大寿或八十大寿，但很少有整七十岁、八十岁的时候过的，都是六十九岁或七十九岁的时候过。原因无他，老祖宗留下的一种习俗而已，在我们的传统中，一直都有"庆九不庆十"的说法，也就是七十大寿要六十九岁过才好。

孟小冬的生日是农历十一月十六日，不过这一年的春节刚过，她那些港台的弟子以及亲友们就开始互相联系，商量着怎么给孟小冬过寿。最初，制订的计划是在这一天举行一次盛大的堂会，不过，因为孟小冬的弟子们比较分散，没办法凑在一起排练，所以最终没有成行。

最后，孟小冬的弟子、亲朋们在孟小冬生日的前一天举办了一个大的聚会。第二天，又在金山街上的金山行业公司招待所举行了盛大的庆生仪式。这一天，除了孟小冬的亲朋挚友以及那些弟子外，还来了很多其他人，如当时台湾京剧界的一些知名人士，以及其他一些传统剧种的知名人士等。

那是一次众星云集的集会，也是一次很热闹的集会。期间，不少人纷纷登台清唱，场面极为火爆。孟小冬因为年事已高，加上有病在身，没法登台，但她却是最开心的一个。

连续两天的活动下来，虽然孟小冬的心情很好，但身体上却有些吃不消了。从那以后一直到年底，孟小冬始终小病不断，不是感冒就是哮喘加重，整天都无精打采。春节刚过，姚玉兰就劝孟小冬去医院看看，可孟小冬不同意，她觉得大过年跑去医院看病，太不吉利了。为此，两个老姐妹还颇为争执了一番。

春节过后，孟小冬的哮喘病愈加严重了，以前服用的那些中成药也不再管用。这时候，姚玉兰和杜美霞都劝她赶紧去医院治疗，可她就是不愿意去。就这样，一直拖到 5 月份，实在支持不下去的孟小冬才答应请医师来家帮她治疗。医生看了孟小冬的病情之后，劝她去医院住院治疗，但她坚持不肯，只是说："等我考虑一下，等有了决定再找你们吧！"

家人朋友们自然知道，她这话的含义就是不去，于是纷纷来劝。可是孟小冬很是固执，人们说多了，她便反驳，最后弄得别人也不好再开口。

5 月下旬的时候，孟小冬的病情就已经很严重了，医生检查出她肺部积水，要求她立即住院，但孟小冬坚持不肯。等到了25 号的时候，孟小冬在一阵剧烈的咳嗽之后，不省人事。家人见状，赶紧将她送到医院急救。医生帮她排除了肺部的积痰，然而她依然昏迷不醒。5 月 26 日，孟小冬因肺气肿和心脏并发症不治离世，享年 70 岁。

这样一位堪称伟大的京剧表演艺术家，就这样悄悄离开了这个世界。纵观孟小冬的一生，是多彩的，不过其中却掺杂了太多的灰色。她少年成名，令无数人羡慕，但她也失去了美好的童年；她成年之后，嫁得佳婿，结果受到的却是伤害；她中年拜师，终于学成无二艺术，但却因为病痛，浑身本事无法施展；她老年的时候身边

生活在台北的孟小冬

各路名人簇拥，但她所爱的那个人却早已经离她而去。

她取得了太多别人想都不敢想的成就，但她同时也经历了许多别人想忍都无法忍的痛苦。这就是孟小冬，一个多彩的女人，过了一个多彩的人生。或许，上天是公平的，在此处关闭一扇门，便会在另一处打开一扇窗。在此处敞开一扇窗，便会在别处关闭一扇门。

孟小冬是坚忍而又倔强的。年少时，便付出了比别人多出好几倍的努力，却从未言苦；成名后依然勤学苦练，却从不言累；年老后受疾病折磨，却从不言痛。但同时，她也是脆弱的，面对感情的飘忽不定，她会伤心也会流泪，甚至留下一生的创伤。说到底，她还是一个女人，即使再坚强也需要有人呵护、有人疼爱。可惜的是，青春年少时，她身边的爱人不懂得去呵护、疼爱她。等到老了，找到那个疼爱她的人了，上帝却从她身边将那个人带走了。

或许，这就是人生吧！有苦有乐，彼此掺杂，会让人哭，也会让人笑。

不过不管怎么样，孟小冬依然是成功的，她的出现让那个动荡年代的人们，有了暂时忘掉痛苦，享受片刻欢愉的机会和可能。一个可以给别人带来享受的人，一定是一个不虚此生的人。

早在临终前一个月，孟小冬就仿佛感觉到了自己大限将到。有一天，她找来了杜月笙的大弟子陆京士，拜托他为自己选一个墓地。因为孟小冬早已经一心向佛，所以，她早就决定了死后要葬在佛教公墓中。陆京士得了委托之后，帮忙四处打听。最后，他听人说台北县的树林镇净律寺旁的佛教公墓正好有一块墓地出让，便跟孟小冬说了。孟小冬听后便让他买了下来。

买下墓地之后，陆京士找人帮忙设计了坟墓的样式，可是画了两次图纸孟小冬都不满意，最后她亲自修改后，才决定了最终样式。

5月27日晚间，杜府家人及孟小冬的一众朋友们，聚集在一起商议如何出讣闻。当时，因为孟小冬身边没有子女，因此众人对于怎么撰写讣闻颇感为难。最后，杜月笙的长子杜维藩出面，说愿意以自己的名义称孟小冬为"继妣杜母孟太夫人"。

6月6日，台湾的《中央日报》和香港的《工商日报》同时登载了杜府发布的讣闻。一时间，舆论哗然，大家都为杜家大公子识大体而大加称赞，更是为一代京剧"冬皇"的陨落而悲伤。

6月8日下午，杜府在台北的市立殡仪馆举行孟小冬的入殓仪式。当天，各界知名人士都送来了挽联和花圈等，祭奠这位京剧大师。

张岳军挽联：

　　绝艺贞忱

陈立夫挽联：

　　菊坛遗爱

张大千挽联：

　　魂归天上，誉满人间，法曲竟成广陵散
　　不畏成劫，宁论利往，节概应标列女篇

一代"冬皇"，就此谢幕。

附录 1　师承与弟子

孟小冬师承（含正式拜师及给予诸多指点者）：

仇月祥　孙佐臣　王君直　陈秀华　陈彦衡　杨宝忠
鲍吉祥　李适可　程君谋　闫继鹏　苏少卿　余叔岩

孟小冬琴师：

马少亭　孙佐臣　杨宝忠　王瑞芝　任莘寿

孟小冬弟子（含正式拜师及给予诸多指点者）：

吕　光　钱培荣　赵培鑫　吴必彰　张文涓　黄金懋
李　猷　蔡国蘅　李相度　沈泰魁　丁存坤　赵从衍
吴中一　吴彬青　丁宝麟　严许颂辉　万啸甫　周慰如
徐文绀　冯德曼　姜竹华　汪文汉　龚耀显　张雨文
许密甫　金如新

资料来源：《京剧冬皇孟小冬》311—312 页

附录2　孟小冬年谱

1908年12月9日，孟小冬出生于上海民国路同庆街观盛里（今人民路观盛里）。

1915年，孟小冬7岁。拜孙（菊仙）派老生，亦是孟小冬之姨夫仇月样为师，学老生。

1919年，孟小冬11岁。该年3月起在无锡正式开始营业演出，在无锡共演出68场，历时两个多月。挂牌时用艺名"孟筱冬"，并一炮走红。同年7月，应无锡戏迷之邀，两至无锡，在新世界屋顶花园演出，历时110天。12月1日回沪，加盟上海大世界游乐场乾坤大京班为正式演员。

1920年，孟小冬12岁。在上海大世界乾坤大京班演出，至该年11月合同期满停演。12月14日正式搭班共舞台，改艺名为孟小冬，接露兰春在连台本戏中担任主角。

1921年，孟小冬13岁。在共舞台合同期满后辞演，之后应邀赴福建作短期演出，又赴菲律宾献艺数月。同年在百代公司首次灌制唱片若干，有《击鼓骂曹》《逍遥津》《徐策跑城》《武家坡》《奇冤报》《捉放曹》等。

1922年，孟小冬14岁。该年8月20日孟小冬与师父仇月祥及琴师"胡琴圣手"孙佐臣由上海同赴汉口演出，场场爆满，在汉口一炮而红。

1923 年，孟小冬 15 岁。继续在汉口演出，后半年返回上海。

1924 年，孟小冬 16 岁。该年 6 月至 7 月初，孟小冬应邀三赴无锡，反响强烈。返沪后与著名武生白玉昆在上海商议组班，欲北上深造。后辗转山东济南、天津、北京演出，仇月样、孙佐臣随同前往。

1925 年，孟小冬 17 岁。该年春，孟小冬随白玉昆班到达天津，于新民大戏院演出，大受欢迎，获得天津戏迷认可。期间，在天津结识数位著名票友，其中谭派名票王君直还给了孟小冬很多指点。6 月到北京，于北京前门外大栅栏三庆园演出，以全本《四郎探母》打炮，获得成功。后陆续演出于开明、三庆、广德等戏园及城南游艺园。同年在长城、丽歌唱片公司灌制唱片《珠帘寨》《捉放曹》和《逍遥津》三张。8 月参加北京第一舞台盛大义演，8 月 23 日冯公度母亲八十寿辰堂会，孟小冬与梅兰芳合演《四郎探母》，轰动一时。

1926 年，孟小冬 18 岁。彼时其已在北京立足脚跟，遂接全家来京，后典屋东四三条 25 号、26 号。同年，为求深造先后向谭派名宿陈秀华、陈彦衡、王君直、苏少卿、言菊朋、李适可等问艺，又请杨宝忠说戏兼操琴伴奏。后来，在天津与金少梅组班，于大罗天剧场演出。下半年在王克敏生日堂会上与梅兰芳合演《游龙戏凤》。

1927 年，孟小冬 19 岁。在冯耿光、齐如山等人撮合下，与梅兰芳在冯府成亲。期间息影罢演，曾拜师鲍吉祥。9 月 14 日，一位迷恋孟小冬的戏迷李志刚欲绑架梅兰芳敲诈未果，愤而杀死梅的朋友张汉举。

1928 年，孟小冬 20 岁。因与梅兰芳吵架，愤而复出，与雪艳琴在天津公演十余天。天津《大风报》创办人沙大风撰文捧小冬为"冬皇"。

1929 年，孟小冬 21 岁。与梅兰芳及梅党一众共同筹备赴美演出的后勤事宜。同年 12 月梅兰芳离京赴美国演出，孟小冬与梅兰芳在寓所送别合影。

1930 年，孟小冬 22 岁。梅兰芳访美结束，于 8 月回京。因梅兰芳大伯母逝世，孟小冬前往梅宅奔丧吊唁被拒于门外。孟万念俱灰，遂往天津念佛隐居。

1931 年，孟小冬 23 岁。仍息影，不过在长城公司灌制《捉放曹》《珠帘寨》唱片，杨宝忠操琴。与梅兰芳分手后居于天津，情绪低落，看破红尘，一度整日念经打坐。该年 12 月因父孟鸿群患病，由天津返北京探视。

1932 年，孟小冬 24 岁。该年 2 月孟小冬父孟鸿群病逝。9 月孟小冬在天津拜苏少卿为师，为家庭生计，欲重返舞台。

1933 年，孟小冬 25 岁。该年 9 月 5、6、7 日孟小冬在天津《大公报》连续三天发表"紧要启事"，澄清与梅交往事体。因婚姻关系息影 5 年以后，终于重返舞台。

1934 年，孟小冬 26 岁。不定期地在北京、天津等地演出。并向鲍吉祥学演余派戏。12 月经杨梧山、窦公颖介绍，在杨宅宴会上得余叔岩指点，余承诺，有问题尽可问他，但未正式拜师。

1935 年，孟小冬 27 岁。继续在北京、天津作不定期演出。11 月应章遏云之邀同赴上海义演，原定演出 20 天，因病只演 8 天结束。

1938 年，孟小冬 30 岁。该年 10 月 21 日，孟小冬在北京泰丰楼正式拜余叔岩为师。12 月 24 日在北京新新大剧院首次公演余叔岩亲授剧目《洪洋洞》。

1939～1942 年，孟小冬 31～34 岁。该段时间内，孟小冬上台次数极少，主要在余叔岩家学戏。

1943 年，孟小冬 35 岁。该年 5 月 19 日，余叔岩因患膀胱癌于北京病逝，孟小冬 6 月 3 日为《369 画报》撰文《余老师逝世后感想》。当时正值日本侵华，孟小冬以"为师心丧三年"为由退出舞台隐居。

1947 年，孟小冬 39 岁。该年 5 月孟小冬赴上海。9 月为陕西水灾义演暨贺杜月笙六十大寿，共义演 10 天。期间，孟小冬演两天大轴。演出盛况空前，孟自此告别舞台。

1948 年，孟小冬 40 岁。年底离京赴上海，入住杜府。

1949 年，孟小冬 41 岁。于 4 月 27 日，跟随杜月笙乘船赴香港。

1950 年，孟小冬 42 岁。在港与杜月笙补行结婚。

1952 年，孟小冬 44 岁。春季在港收赵培鑫、钱培荣、吴必彰为徒。

1953 年，孟小冬 45 岁。为孙养农著《谈余叔岩》一书作序，题为《仰思先师》。

1977 年 5 月 26 日深夜，孟小冬在台北去世，享年 70 岁。

资料来源：《孟小冬》264—266 页

附录3 同时代人物年代

梅兰芳（1894—1961）

杜月笙（1888—1951）

程砚秋（1904—1958）

姚玉兰（1904—1983）

荀慧生（1900—1968）

孙佐臣（1862—1936）

尚小云（1900—1976）

余叔岩（1889—1943）

陈彦衡（1868—1933）

言菊朋（1890—1942）

马连良（1901—1966）

李佩卿（1897—1932）

谭富英（1906—1977）

杨宝忠（1899—1967）

杨宝森（1909—1958）

王瑞芝（1909—1976）

李少春（1919—1975）

王少楼（1909—1966）

苏少卿（1890—1971）

露兰春（1898—1936）

张君秋（1920—1997）

章遏云（1911—2003）

赵培鑫（1914—1968）

裘盛戎（1915—1971）

沙大风（1900—1973）

资料来源：《京剧冬皇孟小冬》313 页

后　记

　　孟小冬是一个颇为特别的人，她本人极为简单，但她的命运却很复杂，甚至外界对她的评价都呈现出了某种矛盾性。

　　有些人觉得，孟小冬是极为优秀的，甚至可以用伟大来形容。她所处的是一个动荡的年代，那个时代中的人们，人生都充满了不确定性，而孟小冬的人生尤其不确定。她的这种不确定性，来自于她本人性格跟那个时代的冲突。

　　孟小冬的思想是较为前卫的，她骨子里有一种不服输的劲头，更重要的是她渴望独立和自由。用今天的眼光来看，这很平常，但在那个年代，尤其是对女性来说，自由和独立却是一种稀缺品。于是，这里便有了矛盾。

　　孟小冬虽然倔强，但她并不是一个善于或者说乐于制造矛盾的人。她人生中的种种矛盾大都是被动卷入的。就像跟梅兰芳先生的婚姻。严格来说，两个人想要的是不一样的，梅兰芳显然想要一个传统式的，贤妻良母般的女人，乐于奉献，少于索取。

　　不过，孟小冬却不是这样的女性。孟小冬虽然也有奉献精神，但她愿意奉献的是自己的事业，而不是自己的人生，尤其不是自己的爱。这样，矛盾就来了，一个渴望拥有男人全部的爱，一个却无法给予。这是梅孟婚姻中最主要的矛盾。

孟小冬之所以离开梅兰芳，并不是因为觉得自己被梅家轻视了，而是感觉自己的爱情不完整。然而，这一切，都源于"梅党"们的一个玩笑式的提议。在整个过程中，孟小冬和梅兰芳更像是在演一场"梅党"们导演的戏剧。

孟小冬身上的另一种矛盾，便是事业上的。她是一个热爱京剧的人，甚至可以说把唱戏当成自己生命的人。但上天却偏偏没有给她一个好的身体，以至于她年纪轻轻便很少登台演出。

因为对京剧有着无与伦比的爱，孟小冬在艺术上的要求十分严苛。对她来说，艺术可以没有，但不可以不完美。这一点上，她的师父余叔岩跟她有着极为相似的看法。也正是因为这点，余叔岩很少收徒，他要的是认真学，心思全在戏上的徒弟，而不要那种只是为了好玩，或者仅是将戏当成谋生工具的徒弟。

他们师徒二人，骨子里都是完美主义者。孟小冬继承了师父的衣钵，也继承了师父的这种性格。所以她虽然也收了几个徒弟，但并没有真正意义上的传人。在艺术传承上，孟小冬是有些保守的。

据传，孟小冬是不轻易教人的，甚至有时候吊嗓都不让别人偷听。也正是这点，让她受到了许多诟病。有人觉得，她的保守，让余派没有出现真正意义上的可以跟她和余叔岩比肩的大师级人物，这是余派的损失，也是京剧界的损失。

但如果从孟小冬的角度上看，却是有一定的合理性的。艺术从来都不是一件简单的事情，需要刻苦、需要钻研，一个真正的艺术大师，一定是对艺术有爱的，那些仅仅将之当成一种谋生手段的人，是不可能成为大师的。

　　而在孟小冬人生的晚期，这样的人其实已经不多了。在一个完美主义者眼里，如果不能完美传承，不如索性放弃。

　　所以，从某种意义上说，并不是孟小冬不想教，不愿意教，而是时代的改变让京剧变得不那么流行了，想学习的人没那么多了。喜欢的人少了，想学的人少了，孟小冬选择徒弟的范围自然就少了。基数少造成的必然结果便是人才少，尤其是可造人才少。所以，她宁可将一身技艺带到另一个世界，也不愿意在这边留下许多"半成品"。

　　这就是孟小冬的性格，追求自由、追求完美。她的想法没有错，错在不应该生在那个年代。

　　人生的悲剧，很多时候都是来自时代的悲剧。孟小冬是其中的典型。不过，解读孟小冬的真正意义，不在于展现她的悲剧人生，而是从她的人生中获得助益。我们可以看到，孟小冬一直是在抗争的：婚姻不如意的时候，她在抗争；京剧艺术衰落的时候，她在抗争。还有就是她精益求精、积极向上的态度。孟小冬少年成名，但并没有自傲，反而是一直以低姿态向别人求教，可以她说一生都在学习。正是这种态度，让她做到了别人所做不到，做成了许多别人所做不成的事。这些才是孟小冬的真正闪光点。